JN061385

自己をみつめ、弥陀の本願に出遇う

信心の書
『歎異抄』講座

Miharu Toshiaki
三明智彰

大法輪閣

自己をみつめ、弥陀の本願に出遇う

信心の書

『歎異抄』講座

Miharu Toshiaki
三明智彰

大法輪閣

まえがき

『歎異抄』は、親鸞の語録である。これから『歎異抄』を読んで行くにあたって、親鸞その人、ならびに浄土真宗という仏教の基本的な視座をたずねておきたい。そこに我われ現代人が学ぶべきことがあると思うからである。親鸞（一一七三〈承安三〉年～一二六二〈弘長二〉年）の生きた時代は、現代と同様、政治的不安定と天変地異が続き、飢饉が続き、さらに、疫病（感染症）の流行が襲いかかる時代だった。その九十年の生涯において、実に二十二回もの災異改元（災害や疫病などをきっかけに改元すること）が行われている。

親鸞の晩年、八十八歳のころも疫病と飢饉が襲った。そのような状況の中で記された親鸞の書簡がある。文応元（一二六〇）年一一月一三日の乗信房宛のもので、それは次のような文章から始まる。

> なによりも、こぞことし、老少男女おおくのひとびとのし（死）にあ（合）いて候うらんことこそ、あわれにそうらえ。ただし、生死無常のことわり、くわしく如来のときおかせおわしましてそうろううえは、おどろきおぼしめすべからずそうろう。まず、善信が身には、臨終の善悪をばもうさず。信心決定のひとは、うたがいなければ、正定聚に住することにて候うなり。さればこそ、愚痴無智のひともおわりもめでたく候え。如来の御はからいにて往生するよし、ひとびと（に）もうされ候いける、すこしもたがわず候うなり。としごろ、おのおのにもうし候いしこと、

たがわずこそ候え。かまえて、学生沙汰せさせたまい候わで、往生をとげさせたまい候うべし

（親鸞の書簡集『末燈鈔』第六通）

と。試みに、言葉を補いつつ口語訳すれば、

〈なにはさておいても、去年と今年、老いも若きも、男も女も、多くの人々が互いに亡くなられたということこそは、（悲しく）情に堪えないことでございます。ただし、生死無常のことわり（この迷いの世界は無常であるという道理）は、くわしく如来（釈尊）が、お説きになって置いて下さったこと（衆生たちが忘れないようにと、くれぐれも説いて残して置いてくださったこと）でございますので、（びっくり仰天して）驚きお思いになってはならないことでございます。まず、善信（親鸞）の身においては、臨終の善悪（死に際がどうだったか、病いで亡くなったか、事故だったのか。苦しんで亡くなったか、安らかだったのかということ）を申しません。信心決定の人は、（極楽浄土に生まれることが）疑いないので、正定聚に住することでございます。だからこそ、愚痴・無智の人も、臨終はめでたい（素晴らしい）ことなのです。如来のおはからいによって、極楽浄土に往き生まれるということを、（あなたが）人々（に）申されておられることは、少しも違いがありません。長年、各々に（親鸞が）申しましたことは、少しも（決して）違いがないのです。くれぐれも、物知り学者の沙汰（あれこれと経典などの文献を取り扱うこと）をなさらずに、往生をお遂げになられるべきです〉

ということである。「去年と今年」とは、一二五九（正嘉三、正元元）年と一二六〇（正元二、文応元）年の二年間に、「老いも若きも、男も女も、多くの人々が亡くなられた」というのである。歴史資料をたどれば、この時期、天変地異が続き、大飢饉と、流行する疫病によって病死するものが多かったことが記録されている。

同時代の日蓮は、一二六〇（文応元年）年七月十六日、この災難の原因は邪宗の流布にあるとして、それを禁圧することを要求する国主諫暁（いさめること）の書『立正安国論』を、時の執権・北条時頼に提出している。その冒頭には、

旅客来たりて嘆いて曰く、近年より近日に至るまで、天変・地夭・飢饉・疫癘、遍く天下に満ち、広く地上に迸る。牛馬巷に斃れ、骸骨路に充てり。死を招く輩、既に大半に超え、之を悲しまざる族、敢て一人も無し

（『立正安国論』）

とあって、当時の惨憺たる状況が活写されているのである。

その同じ年の十一月十三日、親鸞は、上述の如く書簡をしたためた。その内容は、「なにはさておいても、去年と今年、老いも若きも、男も女も、多くの人々が互いに亡くなられたということこそは、（悲しく）情に堪えないことでございます」と述べ、そのすぐ後に、「ただし、生死無常のことわりは、くわしく如来（釈尊）がお説きになって置いてくださったことでございますので、驚きお思いになっ

てはならないことでございます」と教えているのである。そして、いまこそ釈尊が説かれた生死無常の道理に立ち、いたずらに動揺することなく、また「臨終の善悪」を言わないで、「信心決定して浄土往生を遂げるべきである」と勧めるのである。「如来のおはからいによって、極楽浄土に往き生まれるということ」こそ大事なことであって、死に際の様子を言わず、無常の道理のほかにあれこれと原因をこと挙げする「物知り学者の沙汰をなさらずに、往生をお遂げになられるべきです」と。まことの道理に立って、少しも騒がず、丁寧に、乗信房はじめ関東の有縁の人々に勧めているのである。これが親鸞の教化の特徴である。

おそらくはこの書簡にならったのが、室町時代の蓮如である。それは、「疫癘の御文」である。その冒頭に、

当時このごろ、ことのほかに疫癘とて人死去す。これさらに疫癘によりてはじめて死するにはあらず。生まれはじめしよりしてさだまれる定業なり。さのみふかくおどろくまじきことなり。しかれども、いまの時分にあたりて死去するときは、さもありぬべきようにみなひとおもえり。これまことに道理ぞかし

と述べられている。これは、口語訳すれば、

〈ちかごろ、特別に疫癘といって人が死去しています。これはまったく疫癘によってはじめて死

ぬのではありません。生まれたときから定まっている定業です。それほど深く驚いてはならないことです。しかしながら、いまの時期に死去するときは、さもなにかわけがあるように人はみな思っています。これはまことに道理ですね〉

ということだ。

感染症（疫癘）で死ぬのではなく、生まれたから死ぬ。死ぬということは、生まれた時から定まっていることである。これだけは、だれもが共通している定め（定業）である。だから、それほど深く驚いてはならないという。これは冷酷非情な言葉だろうか。そうではない。なぜなら、続けて、「しかれども、いまの時分にあたりて死去するときは、さもありぬべきようにみなひとおもえり。これまことに道理ぞかし」とあるからである。感染症で死んだと聞けば、何か特別なわけがあるのではないかとみな思う。「これはまことに、（凡夫の人情の）道理ですね」と言って、だからこそ、弥陀に帰命することを強調したのが蓮如であった。

浄土真宗においては、葬儀に清めの塩を用いない。占いをしない。お守りや魔よけの御札や祈祷をしない。祟り除けや除災招福を祈願しない。他の宗派のせいにしない。生死無常、いつ何がおこるか分からないという道理、また、生まれたからには死は避けられないということを心に留めて、人生を生きて行かなければならない。

正しい教えを聞いて、道理に基づいてよく物事を考える人になるということである。

深く無常を念じて、いたずらに後悔を貽すことなかれ

（『教行信証』「行巻」、『楽邦文類』張掄の文）

と、親鸞は勧めている。その親鸞の言葉がまとめられた『歎異抄』に学んで行こう。

自己をみつめ、弥陀の本願に出遇う

信心の書『歎異抄』講座

目次

装　幀……山本太郎

カバー使用図版……重要文化財『本願寺親鸞聖人傳繪』巻の二、十五紙（カバー裏）・十六紙（カバー表）
法然と親鸞の信心が一つか異なるかを論争する場面（照願寺蔵）

『歎異抄』

〈原文〉と〈現代語訳〉

〈原　文〉

西本願寺蔵・蓮如上人書写本（蓮如本）をもとに、旧漢字を常用漢字に、旧仮名遣いの片仮名などを現代仮名遣いによって平仮名に直し、句読点と振り仮名をつけた。

前　序

竊かに愚案を廻らして、粗古今を勘うるに、先師の口伝の真信に異なることを歎き、後学相続の疑惑有ることを思うに、幸いに有縁の知識に依らずば、いかでか易行の一門に入ることを得んや。全く自見の覚語を以て、他力の宗旨を乱ること莫れ。仍って、故親鸞聖人の御物語の趣、耳の底に留むる所、聊かこれを注す。偏えに同心行者の不審を散ぜんが為なり

〈現代語訳〉

「蓮如本」によって現代語訳を試み、読みやすさを心がけて適宜改行を施した。

〈前　序〉

竊かに愚かな思案をめぐらして、あらあらと古から今までをつき合わせ調べ考えるに、亡き師が直接に教えてくださった真の信心に異なることを歎き、後に続いて学ぶものの疑い惑いが有ることを考えてみるに、幸いに有縁の（生死の迷いから出離する縁の有る）師に依らないならば、どうして、易行の一門に入ることができようか（いや、有縁の知識に依らなければ、易行の一門に入ることはできないのである）。全く自分勝手な見方で覚ったつもりの語（言葉）によって、

と云々

第一条

一、弥陀の誓願不思議にたすけられまいらせて、往生をばとぐるなりと信じて、念仏もうさんとおもいたつこころのおこるとき、すなわち摂取不捨の利益にあずけしめたもうなり。弥陀の本願には老少善悪のひとをえらばれず。ただ信心を要とすとしるべし。そのゆえは、罪悪深重煩悩熾盛の衆生をたすけんがための願にまします。しかれば本願を信ぜんには、他の善も要にあらず。念仏にまさるべき善なきゆえに。悪をもおそるべからず。弥陀の本願をさまたぐるほどの悪なきゆえにと云々

他力の宗旨を乱れるようにしてしまってはならない。よって、今は亡き親鸞聖人がお話になられた趣きで、耳の底に留まっているところを、わずかばかり書き留める。偏えに同心行者の不審を解消したいがためである、と……。

〈第一条〉

阿弥陀仏の誓願の、われら人間の思議を超えたはたらきにお助けをいただいて、浄土に往き生まれることを遂げるのであると信じて、念仏申そうと思い立つ心が起る時、直ちに阿弥陀仏が摂め取ってお捨てにならない利益に加わらせてくださるのです。阿弥陀仏の本願においては、老少善悪の人を分け隔てなさらない。ただ信心を要とするのであると知るべきです。それは、罪悪深重・煩悩熾盛の衆生を助けようがための願でおありである（からです）。そうであるから、阿弥陀仏の本願を信じるに（於て）は、他の善も要ではない。念仏にまさるべき善はないからです。悪をも懼れ

第二条

一、おのおの、十余か国のさかいをこえて、身命をかえりみずして、たずねきたらしめたもう御こころざし、ひとえに往生極楽のみちをといきかんがためなり。しかるに、念仏よりほかに往生のみちをも存知し、また法文等をもしりたるらんと、こころにくくおぼしめしておわしましてはんべらんは、おおきなるあやまりなり。もししからば、南都北嶺にも、ゆゆしき学生たちおおく座せられてそうろうなれば、かのひとにもあいたてまつりて、往生の要よくよくきかるべきなり。親鸞におきては、ただ念仏して、弥陀にたすけられまいらすべしと、よきひとのおおせをかぶりて、信ずるほかに別の子細なきなり。念仏は、まことに浄土にむ（う）

るべきではない。阿弥陀仏の本願を礙げるほどの悪はないからです、と……。

〈第二条〉

みなさんおひとりおひとりが、十余か国の境を越えて、身も命も心にかけずに、たずねて来られた心の底からの目的は、ひとえに往生極楽のみちを問い聞こうとするためであります。それなのに、念仏よりほかに往生のみちをも（私が）知っていたり、また（それについての）法文等をも知っているのではないか（内緒にしているのではないか、本当のことを教えてもらいたい）と、こころにくく（真相を知りたくてじれったく）お思いになっておられるならば、大きな間違いである。もしそうであるならば（そうお思いならば）、奈良や比叡山にも、ご立派な学者たちが多くおられるそうですから、それらのひとたちにもお会い申し上げて、往生の要をよくよくお聞きになるのがよいでしょう。

親鸞においては、「ただ念仏して、弥陀にたすけら

まるるたねにてやはんべらん、また、地獄におつべき業にてやはんべるらん。総じてもって存知せざるなり。たとい、法然聖人にすかされまいらせて、念仏して地獄におちたりとも、さらに後悔すべからずそうろう。そのゆえは、自余の行もはげみて、仏になるべかりける身が、念仏をもうして、地獄にもおちてそうらわばこそ、すかされたてまつりてという後悔もそうらわめ。いずれの行もおよびがたき身なれば、とても地獄は一定すみかぞかし。弥陀の本願まことにおわしまさば、釈尊の説教、虚言なるべからず。仏説まことにおわしまさば、善導の御釈、虚言したもうべからず。善導の御釈まことならば、法然のおおせそらごとならんや。法然のおおせまことならば、親鸞がもうすむね、またもって、むなしかるべからずそうろうか。詮ずるところ、愚身の信心におきてはかくのごとし。このうえは、念仏をとりて信じたて

れまいらすべし」と、よきひとの仰せを受けて信ずるほかに別のことはありません。念仏は、まことに浄土に生まれるたねなのか、また、地獄におちなくてはならない行いなのか、まったく存知しません。たとえ、法然聖人にすかされ（だまされ）もうして、念仏して地獄におちたとしても、まったく後悔することはございません。そのゆえは、念仏以外の行をもはげんで、仏になることのできる身が、念仏を申して、地獄におちたならば、それこそ、すかされた（だまされた）という後悔もあるでしょう。（しかし、私親鸞は）どんな行もおよびがたい身なのですから、結局のところ、地獄は一定（決定的）すみかなのです。

　弥陀の本願がまことであるならば、釈尊の説教は、虚言であるはずがありません。仏説がまことであるならば、善導の御釈も、虚言をおっしゃるはずはありません。善導の御釈がまことであるならば、法然の仰せは嘘でしょうか（嘘であるはずがありません）。法然の仰せがまことであるならば、親鸞が申す趣旨も、また、嘘であるはずがないのではないでしょうか。

まつらんとも、またすてんとも、面々の御はからいなりと云々

第三条

一、善人なおもって往生をとぐ、いわんや悪人をや。しかるを、世のひとつねにいわく、悪人なお往生す、いかにいわんや善人をや。この条、一旦そのいわれあるににたれども、本願他力の意趣にそむけり。そのゆえは、自力作善のひとは、ひとえに他力をたのむこころかけたるあいだ、弥陀の本願にあらず。しかれども、自力のこころをひるがえして、他力をたのみたてまつれば、真実報土の往生をとぐるなり。煩悩具足のわれらは、いずれの行にても、生死をはなるることあるべからざるをあわれみたま

つまるところ、愚身（親鸞）の信心においては、このようであります（以上述べた通りです）。このうえは、念仏をとって信じ申し上げようとも、またすてようとも、みなさんおひとりおひとりの御判断であります、と……。

〈第三条〉

善人でさえ往生を遂げる、まして悪人はなおさらである。それなのに、世のひとはつねに次のように言う。悪人でさえ往生する。まして、善人はなおさらである、と。このことは、一応そのいわれがあるようだが、本願他力の意趣にそむいている。その理由は、自力作善のひとは、ひとえに他力をたのむこころが欠けているから、弥陀の本願ではない。しかしながら、自力のこころをひるがえして他力をたのみたてまつれば、真実報土の往生をとげるのである。

煩悩具足のわれらは、どんな行によっても、生死（まよい）をはなれることがないことを憐れんでくださっ

いて、願をおこしたもう本意、悪人成仏のためなれば、他力をたのみたてまつる悪人、もっとも往生の正因(しょういん)なり。よって善人だにこそ往生すれ、まして悪人はと、おおせそうらいき。

第四条

一、慈悲(じひ)に聖道(しょうどう)・浄土(じょうど)のかわりめあり。聖道の慈悲というは、ものをあわれみ、かなしみ、はぐくむなり。しかれども、おもうがごとくたすけとぐること、きわめてありがたし。浄土の慈悲というは、念仏して、いそぎ仏になりて、大慈大悲心(だいじだいひしん)をもって、おもうがごとく衆生(しゅじょう)を利益(りやく)するをいうべきなり。今生に、いかに、いとおし不便とおもうとも、存知(ぞんじ)のごとくたすけがたければ、この慈悲始終(しじゅう)なし。しかれば、念仏もうすのみぞ、すえとおりたる大慈悲心にてそうろうべきと云々

て、願をおこしてくださった本意は、悪人が成仏するためであるから、他力をたのみたてまつる悪人が、もっとも往生の正因である。よって善人でさえ往生する、まして悪人はなおさらであると仰せられました。

〈第四条〉

慈悲に聖道・浄土の変わっていく目がある。聖道の慈悲というのは、衆生をあわれみ、かなしみ、はぐくむのである。しかしながら、思い通りに助け遂げることは、極めて困難である。浄土の慈悲というのは、念仏して、すみやかに仏になりて、大慈大悲心をもって思い通りに衆生を利益するのをいうべきである。今生において、どれほど、いとおしい、かわいそうだと思っても、存知のように（思い通りに）たすけがたいので、この慈悲は始めも終りもない（尽きることがない）。そうであるから、念仏もうすのみが、末徹(すえとお)った大慈悲心にておありであるべきです、と……。

第五条

一、親鸞は父母の孝養のためとて、一返にても念仏もうしたること、いまだそうらわず。そのゆえは、一切の有情は、みなもって世々生々の父母兄弟なり。いずれもいずれも、この順次生に仏になりて、たすけそうろうべきなり。わがちからにてはげむ善にてもそうらわばこそ、念仏を廻向して、父母をもたすけそうらわめ。ただ自力をすてて、いそぎさとりをひらきなば、六道四生のあいだ、いずれの業苦にしずめりとも、神通方便をもって、まず有縁を度すべきなりと云々

〈第五条〉

親鸞は、亡き父母の追善供養のためにと、一度でも念仏申したことは、いまだございません。

その理由は、一切の衆生は、みな世々生々の父母兄弟である（からです）。いずれもいずれも、この次の生に仏になって、たすけるべきであります。

（念仏が）わがちからでつとめる善でありましたならばこそ、念仏を（父母の供養のために）ふりむけて、父母をもたすけることでしょう（しかし、念仏は自分の力で励む善ではありません。阿弥陀如来の御もよおしなのです）。

ただ自力をすてて、速やかにさとりをひらいたならば、六道四生のあいだ、どのような業の苦しみにしずんでいようとも、神通力による方便をもって、まず縁有るものをすくうべきであります、と……。

第六条

一、専修念仏のともがらの、わが弟子ひとの弟子という相論のそうろうらんこと、もってのほかの子細なり。親鸞は弟子一人ももたずそうろう。そのゆえは、わがはからいにて、ひとに念仏をもうさせそうらわばこそ、弟子にてもそうらわめ。弥陀の御もよおしにあずかって、念仏もうしそうろうひとを、わが弟子ともうすこと、きわめたる荒涼のことなり。つくべき縁あればともない、はなるべき縁あれば、はなるることのあるをも、師をそむきて、ひとにつれて念仏すれば、往生すべからざるものなりなんどいうこと、不可説なり。如来よりたまわりたる信心を、わがものがおに、とりかえさんともうすにや。かえすがえすもあるべからざることなり。自然のことわりにあいかなわば、仏恩

〈第六条〉

専修念仏の人々の（中において）、わが弟子ひとの弟子という言い争いがあるということは、とんでもない大間違いであります。親鸞は弟子を一人も持っておりません。そのゆえは、私のはからいによって、ひとに念仏をもうさせたのであれば、それこそ、弟子でもありましょう（しかしそうではありません）。ただひとえに、弥陀の御もよおしを受けて念仏を申している人を、わが弟子と申すことは、きわめてひどい過ちであります。

付くべき縁があれば伴い、離れるべき縁があれば離れることがある（のが道理な）のに、師にそむき、他の人に付き随って念仏すれば、往生できないなどということは、説いてはならないことであります。

如来よりたまわりたる信心を、自分のもののような顔をして、とりかえそうというのでありましょうか。

をもしり、また師の恩をもしるべきなりと云々

第七条

一、念仏者は、無碍の一道なり。そのいわれいかんとならば、信心の行者には、天神地祇も敬伏し、魔界外道も障碍することなし。罪悪も業報を感ずることあたわず。諸善もおよぶことなきゆえなりと云々

第八条

一、念仏は行者のために、非行非善なり。わがはからいにて行ずるにあらざれば、非行という。わがはからいにてつくる善にもあらざれば、非善という。ひとえに他力にして、自力をはなれたるゆえに、行者のためには非行非善な

くれぐれもあってはならないことであります。自然のことわりに適ったならば、当然、仏恩をも知り、また師の恩をも知るのです、と……。

〈第七条〉

念仏は、無碍の一道である。その理由はどうかといえば、信心の行者に対しては、天地の神々も敬い伏し、魔の世界のものも外道も障りをなし碍げることができない。罪悪も業の報いをもたらすことができない。諸善もおよぶことがないからである、と……。

〈第八条〉

念仏は行者（修行者）にとって、行でないし善でないのである。自我のはからいによって行ずるのではないから、行でないという。自我のはからいによって作る善でもないので、善でないという。ただひとえに他力であって、自力を離れている故に、行者にとっては

りと云々

第九条

一、「念仏もうしそうらえども、踊躍歓喜のこころおろそかにそうろうこと、またいそぎ浄土へまいりたきこころのそうらわぬは、いかにとそうろうべきことにてそうろうやらん」と、もうしいれてそうらいしかば、「親鸞もこの不審ありつるに、唯円房おなじこころにてありけり。よくよく案じみれば、天におどり地におどるほどによろこぶべきことを、よろこばぬにて、いよいよ往生は一定おもいたもうなり。よろこぶべきこころをおさえて、よろこばざるは、煩悩の所為なり。しかるに仏かねてしろしめして、煩悩具足の凡夫とおおせられたることなれば、他力の悲願は、かくのごとし。われらがためなりけりとしられて、いよいよたのもし

行でないし善でないのである、と……。

〈第九条〉

「念仏を申しましても、おどりあがって喜ぶ気持ちが、おろそか（いい加減・まばら）でございますこと。また速やかに浄土にまいりたい気持ちがございませんことは、一体どのようにしたらよろしいのでしょうか」とお尋ね申しましたところ、「親鸞も、この疑問がこれまであったが、唯円房よ、おなじこころであったのだな。よくよく考えてみると、天におどり地におどるほどに喜んでよいはずのことを、よろこばないからこそ、ますます往生は決定している（と）思い申し上げるのです。よろこぶべき心をおさえて、よろこばないのは、煩悩の仕業なのです。にもかかわらず、仏は前々からご存知であって、煩悩具足の凡夫と仰ったことなのだから、他力の悲願は、かくのごとくです（このとおりです）。われら

くおぼゆるなり。また浄土へいそぎまいりたきこころのなくて、いささか所労のこともあれば、死なんずるやらんとこころぼそくおぼゆることも、煩悩の所為なり。久遠劫よりいままで流転せる苦悩の旧里はすてがたく、いまだうまれざる安養浄土はこいしからずそうろうこと、まことに、よくよく煩悩の興盛にそうろうにこそ。なごりおしくおもえども、娑婆の縁つきて、ちからなくしておわるときに、かの土へはまいるべきなり。いそぎまいりたきこころなきものを、ことにあわれみたもうなり。これにつけてこそ、いよいよ大悲大願はたのもしく、往生は決定と存じそうらえ。踊躍歓喜のこころもあり、いそぎ浄土へもまいりたくそうらわんには、煩悩のなきやらんと、あしくそうらいなまし」と云々

のためであったのだなあと気づかされて、いよいよたのもしく思われるのです。

また、浄土へ早く参りたい心がなくて、いささか疲れ病むことがあると、死ぬのではないかと心細く感じることも、煩悩の仕業です。久遠劫よりいままで流転してきた苦悩の故郷は捨て難く、いまだ生まれていない安養の浄土が恋しくないことは、真に、よくよく煩悩が興り盛んであることよ。名残惜しく思っても、娑婆の縁が尽きて、力なくして終わる時に、彼の土へ参るべきなのです。急ぎ参りたい心がないものを、殊に憐れんでくださっておられるのです。これにつけてこそ、ますます大悲大願はたのもしく、往生は決定していると思うことです。

もし踊躍歓喜の心もあり、急ぎ浄土へ参りたいのならば、煩悩が無いのだろうかと、悪しく（う）ございましょう（あやまりでございましょう）」と……。

第十条・中　序

一、「念仏には無義をもって義とす。不可称・不可説・不可思議のゆえに」とおおせそうらいき。そもそも、かの御在生のむかし、おなじくこころざしをして、あゆみを遼遠の洛陽にはげまし、信をひとつにして心を当来の報土にかけしともがらは、同時に御意趣をうけたまわりしかども、そのひとびとにともないて念仏もうさるる老若、そのかずをしらずおわしますなかに、上人のおおせにあらざる異義どもを、近来はおおくおおせられおうてそうろうよし、つたえうけたまわる。いわれなき条々の子細のこと。

〈第十条・中　序〉

（親鸞聖人は、）「念仏には、無義をもって義とする。不可称・不可説・不可思議の故である」と、仰せられました。

そもそも親鸞聖人がご存命だった昔、志を同じくして、親鸞聖人の居られる遼か遠い洛陽（京の都）まで励まし合って歩いて行って、信を一つにして心をまさにきたるべき報土にかけた輩は、同時に（親鸞聖人の）御意趣を承ったけれども、その人々に伴って念仏申しておられる老いも若きも、その数を知らないほど多くおられる中に、聖人の仰せでない異義を、近ごろは多く仰せられ合っておられるよしを、伝え承っている。正しくない一々の個条の細かい内容のこと（を以下述べて行きます……）。

第十一条

一、一文不通のともがらの念仏もうすにおうて、「なんじは誓願不思議を信じて念仏もうすか、また名号不思議を信ずるか」と、いいおどろかして、ふたつの不思議を子細をも分明にいいひらかずして、ひとのこころをまどわすこと、この条、かえすがえすもこころをとどめて、おもいわくべきことなり。誓願の不思議によりて、やすくたもち、となえやすき名号を案じいだしたまいて、この名字をとなえんものをむかえとらんと、御約束あることなれば、まず弥陀の大悲大願の不思議にたすけられまいらせて、生死をいずべしと信じて、念仏のもうさるるも、如来の御はからいなりとおもえば、すこしもみずからのはからい、まじわらざるがゆえに、本願に相応して、実報土に往生するな

〈第十一条〉

字も何も知らない人々が、念仏申しているのに会って、「なんじ（おまえ）は、誓願不思議を信じて念仏申すのか、あるいは、名号不思議を信ずるのか」と言って驚かせて、（誓願不思議と名号不思議という）ふたつの不思議を、その理由をもはっきりと言い開かないで（言って明らかに区別しないで）、人の心を惑わすこと。

このことは、くれぐれも留意して、（何がまことであり、何が人を惑わすものであるかを）思い分ける（判別する）べきことです。誓願の不思議によって、たもちやすく、称えやすい名号を（阿弥陀仏は）お考え出されて、この名字を称えるものを（浄土に）迎え取ろうと御約束のあることであるから、まず弥陀の大悲大願の不思議におたすけいただいて生死（迷い）を必ず出るに違いないと信じて、念仏が申されることも、如

り。これは誓願の不思議を、むねと信じたてまつれば、名号の不思議も具足して、誓願名号の不思議ひとつにして、さらにことなることなきなり。つぎにみずからのはからいをさしはさみて、善悪のふたつにつきて、往生のたすけさわり、二様におもうは、誓願の不思議をばたのまずして、わがこころに往生の業をはげみて、もうすところの念仏をも自行になすなり。このひとは、名号の不思議をも、また信ぜざるなり。信ぜざれども、辺地・懈慢・疑城・胎宮にも往生して、果遂の願のゆえに、ついに報土に生ずるは、名号不思議のちからなり。これすなわち、誓願不思議のゆえなれば、ただひとつなるべし。

来の御はからいであると思うと、少しも自分の計らい（自力心・思惑・打算）が雑じわらない故に、本願にぴったりとかなって、真の本願に報いた浄土に往生するのです。これは誓願の不思議を依り所であると信じ申し上げることによって、名号の不思議も具足するということで、誓願・名号の不思議は同一で、全く異なることがありません。

　つぎに、自分の計らい（打算）を差し挟んで、善悪のふたつについて、往生の助け（善は往生の助け）と往生の障り（悪は往生の障り）と二つあるように思うのは、誓願の不思議を信じないで、自分の心がけにおいて往生の業（おこない）を励んで、申すところの念仏をも自分の手柄とするのです。このひとは、名号の不思議をも、また信じないのです。信じないけれども、辺地・懈慢・疑城・胎宮という方便の浄土にも往生して、（第二十の）果遂の願のゆえに、ついにまことの浄土に生まれるのは、名号不思議の力であります。これはすなわち、誓願不思議の故であるから、（名号不思議と誓願不思議とは）唯ひとつであるべきです（全く違いはありません）。

第十二条

一、経釈をよみ学せざるともがら、往生不定のよしのこと。この条、すこぶる不足言の義といいつべし。他力真実のむねをあかせるもろもろの正教は、本願を信じ、念仏をもうさば仏になる。そのほか、なにの学問かは往生の要なるべきや。まことに、このことわりにまよえらんひとは、いかにもいかにも学問して、本願のむねをしるべきなり。経釈をよみ学すといえども、聖教の本意をこころえざる条、もっとも不便のことなり。一文不通にして、経釈のゆくじもしらざらんひとの、となえやすからんための名号におわしますゆえに、易行という。学問をむねとするは、聖道門なり。難行となづく。あやまって学問して、名聞利養のおもいに住するひと、順次の往生、いかがあらんず

〈第十二条〉

経釈（経典やその注釈書）を読んで、学ばない者たちは、往生が不確かであるということ。

このことは、きわめて言うに足らない（問題にするに足らない、大間違いの）主張であると言いきってしまうべきです。他力（弥陀の本願力）の真実のむね（趣旨・要）を明かしているもろもろの正しい教えにおいては、本願を信じ、念仏を申さば仏に成る。その外、何の学問が往生の要であるべきであろうか。まことに、この道理に迷うような人は、どれほどでも、どれほどでも学問して、本願のむね（趣旨・要）を知るべきです。

経釈を読み学んでいながら、聖教の本意を心得ないということは、もっとも残念なことです。一文不通（字一つ知らない）で、経釈の行く路（筋道）も知らない人が称え易いための名号でおありである故に、易行と

らんという証文もそうろうべきや。当時、専修念仏のひとと、聖道門のひと、法論をくわだてて、わが宗こそすぐれたれ、ひとの宗はおとりなりというほどに、法敵もいできたり、謗法もおこる。これしかしながら、みずから、わが法を破謗するにあらずや。たとい諸門こぞりて、念仏はかいなきひとのためなり、その宗、あさし、いやしというとも、さらにあらそわずして、われらがごとく下根の凡夫、一文不通のものの、信ずればたすかるよし、うけたまわりて信じそうらえば、さらに上根のひとのためにはいやしくとも、われらがためには、最上の法にてまします。たとい自余の教法すぐれたりとも、みずからがためには器量およばざれば、つとめがたし。われもひとも、生死をはなれんことこそ、諸仏の御本意にておわしませば、御さまたげあるべからずとて、にくい気せずは、たれのひとかありて、あだをなすべきや。かつは、

いう。学問を根本とするのは、聖道門です。難行と名づけます。まちがって学問して、名聞（名誉欲）・利養（財欲）の思いにとどまる人は、順次の往生はどうであろうかという証文もございますよ。

このごろ、専修念仏の人と、聖道門の人が諍論をくわだてて、自分の宗こそ優れている。他人の宗は劣っているものであると言うから、法敵も出てくるし、謗法も起こる。これはしかし、自ら自分の法を破謗するのではないでしょうか。たとえ諸宗派が全部集まって、念仏は甲斐ない（つまらない）人のためである。その宗は、浅く卑しいと言っても、まったく争わないで、われらのように下根の凡夫、一文不通のものが、信ずればたすかるむねを承って信じておりますので、さらに上根のひとにとっては卑しくても、われらにとっては最上の法でおありです。たとえ念仏以外の教法がすぐれているとしても、自分にとっては能力が及ばないので、勤め難いのです。われもひとも、生死を離れることこそ、諸仏の御本意でおありですから、御妨げはあってはなりません、と言って憎い様子をしな

「諍論のところにはもろもろの煩悩おこる、智者遠離すべき」よしの証文そうろうにこそ。故聖人のおおせには、「この法をば信ずる衆生もあり、そしる衆生もあるべしと、仏ときおかせたまいたることなれば、われはすでに信じたてまつる。またひとありてそしるにて、仏説まことなりけりとしられそうろう。しかれば往生はいよいよ一定とおもいたもうなり。あやまって、そしるひとのそうらわざらんにこそ、いかに信ずるひとはあれども、そしるひとのなきやらんとも、おぼえそうらいぬべけれ。かくもうせばとて、かならずひとにそしられんとにはあらず。仏の、かねて信謗ともにあるべきむねをしろしめして、ひとのうたがいをあらせじと、ときおかせたもうことをもうすなり」とこそ、そうらいしか。いまの世には学文して、ひとのそしりをやめ、ひとえに論義問答むねとせんとかまえられそうろうにや。学問せば、いよいよ

ければ、誰があだをなすでしょうか（いいえ、誰もあだをなすことはありません）。

　また、「諍論のところにはもろもろの煩悩おこる、智者は当然遠離すべきである」という趣旨の証文がおありですよ。故聖人（親鸞）は、「この法を信ずる衆生もあり、そしる衆生もあるにちがいないと、仏が説き置いてくださったことなので、私はすでに信じ申しあげています。また、人がいてそしることによって、仏説は真だったのだなあと知られるのです。そうであるから、往生はますます決定であると思います。もしまちがって、そしる人がおれらない場合こそ、一体どうしたのだろう。信ずる人はいるのに、謗る人がいないとは、と思ってしまうことでしょう。こうは言っても、必ず人に謗られようというのではありません。仏が前もって、信と謗と共にあるであろうということを知っておられて、人の疑いがないように説き置いてくださったことを申すのです」と仰っておられましたことです。

　今の世には文を学んで、人の謗りを止めさせ、もっ

如来の御本意をしり、悲願の広大のむねをも存知(ぞんじ)して、いやしからん身(み)にて往生はいかがなんどあやぶまんひとにも、本願には善悪浄穢(ぜんまくじょうえ)なきおもむきをも、とききかせられそうらわばこそ、学生(がくしょう)のかいにてもそうらわめ。たまたま、なにごころもなく、本願に相応して念仏するひとをも、学文してこそなんどいいおどさるること、法の魔障(ましょう)なり。仏の怨敵(おんてき)なり。みずから他力の信心かくるのみならず、あやまって、他をまよわさんとす。つつしんでおそるべし、先師の御こころにそむくことを。かねてあわれむべし、弥陀の本願にあらざることを。

第十三条

一、弥陀の本願不思議におわしませばとて、悪をおそれざるは、また、本願ぼこりとて、往生かなうべからずということ。この条、本願をう

ぱら論義問答（すること）を重要だと構えておられるのだろうか。学問すれば、ますます如来の御本意を知り、悲願が広大である趣旨をも存知して、卑しい身で往生はいかがだろうかなどと心配する人にも、本願には善悪浄穢が無い趣旨をもお説き聞かせになられればこそ、学生の甲斐でございましょう。

たまたま何のはからい心もなく、本願に相応して念仏する人に対しても、学問してこそ（往生できる）などと言い脅されることは、法の魔障です。仏の怨敵です。自ら他力の信心が欠けるのみでなく、まちがって他を迷わそうとする。つつしんで恐るべきです、先師の御心に背(そむ)くことを。また、かねて憐れむべきです、弥陀の本願でないことを。

〈第十三条〉

弥陀の本願が不思議でおありだからといって、悪を恐れないのは、また、本願ぼこりといって、往生はかなうはずがないということ。

たがう、善悪の宿業をこころえざるなり。よきこころのおこるも、宿善のもよおすゆえなり。悪事のおもわれせらるるも、悪業のはからうゆえなり。故聖人のおおせには、「卯毛羊毛のさきにいるちりばかりもつくるつみの、宿業にあらずということなしとしるべし」とそうらいき。また、あるとき「唯円房はわがいうことをば信ずるか」と、おおせのそうらいしあいだ、「さんぞうろう」と、もうしそうらいしかば、「さらば、いわんことたがうまじきか」と、かさねておおせのそうらいしあいだ、つつしんで領状もうしてそうらいしかば、「たとえば、ひと千人ころしてんや、しからば往生は一定すべし」と、おおせそうらいしとき、「おおせにてはそうらえども、一人もこの身の器量にては、ころしつべしとも、おぼえずそうろう」と、もうしてそうらいしかば、「さてはいかに親鸞がいうことをたがうまじきとはいうぞ」と。「これにてしるべし。

このことは、本願を疑う（ことであり）、善悪の宿業を心得ないのである。善い心が起こるのも、宿善がもよおすゆえである。悪い事が思われ、してしまうのも、悪業が計らうゆえである。今はなき聖人の仰せには、「卯毛羊毛のさきに止まっているちりほど小さな罪も、宿業でないということがないと知らなければならない」とございました。

また、あるとき「唯円房は私が言うことを信ずるか」と仰せがございましたので、「さようでございます」と申しましたら、「では、（私が）言うことにそむくまいというのか」と重ねて仰せがありましたので、つつしんで領承申しましたら、「たとえば、ひとを千人殺してくれないか、そうしたら往生は決定するに違いない」と仰せがありました時、「仰せではございますけれど、この身の器量では、一人も殺してしまうことが出来るとも思えません」と、申しましたら、「さて、どうしたことだ。（どうして）親鸞が言うことにたがうまいと言ったのか」と。「これにて知るべきである。なにごとも心にまかせたことならば、往生のために千

なにごともこころにまかせたることならば、往生のために千人ころせといわんに、すなわちころすべし。しかれども、一人にてもかないぬべき業縁なきによりて、害せざるなり。わがこころのよくて、ころさぬにはあらず。また害せじとおもうとも、百人千人をころすこともあるべし」と、おおせのそうらいしかば、われらが、こころのよきをばよしとおもい、あしきことをばあしとおもいて、願の不思議にてたすけたもうということをしらざることをおおせのそうらいしなり。そのかみ邪見におちたるひとあって、悪をつくりたるものをたすけんという願にてましませばとて、わざとこのみて悪をつくりて、往生の業とすべきよしをいいて、ようように、あしざまなることのきこえそうらいしとき、御消息に、「くすりあればとて、毒をこのむべからず」と、あそばされてそうろうは、かの邪執をやめんがためなり。まったく、悪は往生のさ

人ころせと言えば、ただちに殺すだろう。しかし、一人でもかなうような業縁がないから、害せないのである。わが心がよくて、殺さぬのではない。また害すまいと思うとも、百人千人を殺すこともあるだろう」と、仰せがありましたのは、われらが、心のよいのをよしと思い、悪いことを悪いと思って、願の不思議にてたすけくださるということを知らないということを仰ってくださったのです。

　そのむかし、邪しまな見解におちた人がいて、悪を造ったものをたすけようという願でおありだからと、わざと好んで悪を造って、往生の業としようということを言って、さまざまに悪い様子が伝えられた時、御消息に、「薬があるからといって、毒をこのむべからず」とお書きになられましたのは、かの邪しまな執われを止めるためであったのです。

　（これは）まったく、悪は往生のさわりであるというのではありません。「持戒持律であってのみ本願を信ずるべきならば、われらはどうして生死をはなれることが出来ようか」と。このようなあさましい身も、本願

わりたるべしとにはあらず。「持戒持律にてのみ本願を信ずべくは、われらいかでか生死をはなるべきや」と。かかるあさましき身も、本願にあいたてまつりてこそ、げにほこられそうらえ。さればとて、身にそなえざらん悪業は、よもつくられそうらわじものを。また、「うみかわに、あみをひき、つりをして、世をわたるものも、野やまに、ししをかり、とりをとりて、いのちをつぐともがらも、あきないをし、田畠をつくりてすぐるひとも、ただおなじことなり」と。「さるべき業縁のもよおさば、いかなるふるまいもすべし」とこそ、聖人はおおせそうらいしに、当時は後世者ぶりして、よからんものばかり念仏もうすべきように、あるいは道場にわりふみをして、なんなんのことしたらんものをば、道場へいるべからず、なんどということ、ひとえに賢善精進の相をほかにしめして、うちには虚仮をいだけるものか。願にほこりてつくらん

にお遇い申し上げてこそ、まことに誇られるのです。だからといって、身に具えない悪業は、まさか作ることも出来ないでございましょうに。

　また、「海や河に網を引き、釣りをして世をわたるものも、野や山に獣を狩り、鳥を捕っていのちをつぐ人々も、商いをし、田畠をつくって過ごす人も、ただ同じことである」と。「そのようにあらなければならない業縁がもよおすと、どのようなふるまいもするであろう」とこそ、聖人はおっしゃいましたのに、このごろは後世者（極楽往生をねがうもの）のふりをして、善いようなものだけが念仏申すべきように、あるいは道場にことわり書きをして、何々のことをしてしまったようなものは道場へ入るべからず、などと言うことは、ひとえに賢善精進の相を外に示して、内には虚仮を懐いているものではないか。

　願に誇って作るような罪も、宿業がもよおすゆえである。だから、善いことも悪いことも、業の報いにまかせて、ひとえに本願をおたのみ（帰命）申し上げればこそ、他力でございます。

つみも、宿業のもよおすゆえなり。さればよきことも、あしきことも、業報にさしまかせて、ひとえに本願をたのみまいらすればこそ、他力にてはそうらえ。『唯信抄』にも、「弥陀いかばかりのちからましますとしりてか、罪業の身なれば、すくわれがたしとおもうべき」とそうろうぞかし。本願にほこるこころのあらんにつけてこそ、他力をたのむ信心も決定しぬべきことにてそうらえ。おおよそ、悪業煩悩を断じつくしてのち、本願を信ぜんのみぞ、願にほこるおもいもなくてよかるべきに、煩悩を断じなばすなわち仏になり、仏のためには、五劫思惟の願、その詮なくやましまさん。本願ぼこりといましめらるるひとびとも、煩悩不浄、具足せられてこそ、そうろうげなれ。それは願ほこらるるにあらずや。いかなる悪を、本願ぼこりという。いかなる悪か、ほこらぬにてそうろうべきぞや。かえりて、こころおさなきことか。

『唯信抄』にも、「弥陀がどれほどの力がおありだと知って、罪業の身だから、救われ難いと思うべきであろうか(いや、そう思ってはならぬ)」とございますよ。

本願にほこる心があるからこそ、他力をたのむ信心も当然決定することでございます。およそ、悪業煩悩を断じつくして後、本願を信ずるのであるならば、願を誇る思いもなくて良いはずですが、煩悩を断じたならすぐに仏に成ってしまい、仏にとっては、五劫思惟の願は、その意味がないのではないでしょうか。

本願ぼこりといって戒めなさる人々も、煩悩不浄を具足なさっておられるようです。それは願に誇っておられるのではないですか。いかなる悪を、本願ぼこりと言うのでしょう。いかなる悪が、本願を誇らないのでしょうか。(みな本願のおかげで生かされているのです。それなのに本願に甘えてはいけないなどと戒めるということは、)かえって、心が幼稚であるということではないでしょうか。

第十四条

一、一念に八十億劫の重罪を滅すと信ずべしということ。この条は、十悪五逆の罪人、日ごろ念仏をもうさずして、命終のとき、はじめて善知識のおしえにて、一念もうせば八十億劫のつみを滅し、十念もうせば、十八十億劫の重罪を滅して往生すといえり。これは、十悪五逆の軽重をしらせんがために、一念十念といえるか。滅罪の利益なり。いまだわれらが信ずるところにおよばず。そのゆえは、弥陀の光明にてらされまいらするゆえに、一念発起するとき、金剛の信心をたまわりぬれば、すでに定聚のくらいにおさめしめたまいて、命終すれば、もろもろの煩悩悪障を転じて、無生忍をさとらしめたもうなり。この悲願ましまさずば、かかるあさましき罪人、いかでか生死を

〈第十四条〉

一度の称名念仏において、八十億劫かけて償わなければならない重罪を滅すると信じるべきである（滅罪のために、休まず念仏を称えなければならない）ということ。

このことは、十悪五逆の罪人が、つね日ごろ念仏を申さないで、命が終わる時、はじめて善知識の教えによって、一回念仏申すと八十億劫の罪を滅し、十回念仏申すと、八十億劫の十倍の重罪を滅して往生すると言われている。これは、十悪五逆の罪の重さを知らせようために、一念十念と言われたのであろうか。滅罪の利益である。いまだわれら（親鸞聖人の教えを受けたもの）が信じる所に及ばない。

そのゆえは、弥陀の光明にお照らしいただく故に、念仏申そうとの心が発起する（おこる）時、金剛の信心をいただいてしまったので、もう（その時）定聚のくらいに摂めてくださって、命が終わると、もろもろ

解脱(げだつ)すべきとおもいて、一生のあいだもうすところの念仏は、みなことごとく、如来大悲(にょらいだいひ)の恩を報じ徳を謝(しゃ)すとおもうべきなり。念仏もうさんごとに、つみをほろぼさんと信ぜんは、すでに、われとつみをけして、往生せんとはげむにてこそそうろうなれ。もししからば、一生のあいだ、おもいとおもうこと、みな生死(しょうじ)のきずなにあらざることなければ、いのちつきんまで念仏退転(たいてん)せずして往生すべし。ただし業報(ごうほう)かぎりあることなれば、いかなる不思議のことにもあい、また病悩苦痛(びょうのうくつう)をせめて、正念(しょうねん)に住せずしておわらん。念仏もうすことかたし。そのあいだのつみをば、いかがして滅すべきや。つみきえざれば、往生はかなうべからざるか。摂取(せっしゅ)不捨(ふしゃ)の願をたのみたてまつらば、いかなる不思議ありて、罪業をおかし、念仏もうさずしておわるとも、すみやかに往生をとぐべし。また、念仏のもうされんも、ただいまさとりをひらか

の煩悩悪障を転じて、無生忍を悟らせてくださるのです。この悲願がおありでなかったならば、このようなあさましい罪人が、どうして生死（まよい）を解脱することができようかと思って、一生のあいだに申す念仏は、みなことごとく、如来大悲の恩に報い徳を感謝すると思うべきである。

念仏申すごとに、罪を滅ぼそうと信ずるならば、それだけでもう、「われが」と（はからって）罪を消して、往生しようと励(はげ)むことになるでしょう。もしそうであるならば、一生のあいだ思うことは、すべて皆生死に繋ぎ止める絆でないものはないのですから、命が尽きる時まで念仏を休まず勤め励んで往生するべきであろう。ただし、業の報いは、自分の意図が及ばないことであるから、どのような思い計らわないことにも遭い、また、病気の悩みが苦痛をつのらせて、正念に住さないままで命が終わる場合もあろう。（その時は）念仏申すことは困難である。そのあいだの罪は、どのようにして滅すべきであるか。罪が消えないと、往生は叶わないのであるか。

んずる期のちかづくにしたがいても、いよいよ弥陀をたのみ、御恩を報じたてまつるにてこそそうらわめ。つみを滅せんとおもわんは、自力のこころにして、臨終正念といのるひとの本意なれば、他力の信心なきにてそうろうなり。

第十五条

一、煩悩具足の身をもって、すでにさとりをひらくということ。この条、もってのほかのことにそうろう。即身成仏は真言秘教の本意、三蜜行業の証果なり。六根清浄はまた法花一乗の所説、四安楽の行の感徳なり。これみな難行上根のつとめ、観念成就のさとりなり。

摂取不捨の願に帰命すれば、どのような思い計らわないことがあって罪業をおかし、念仏申さずして命が終わったとしても、速やかに往生を遂げるに違いないのである。また、命の終わりに臨んで念仏申すことが出来るにしても、ただいまさとりを開く時が近づくにしたがって（それにつけて）も、いよいよ弥陀をたのみ、御恩に報いたてまつる時であるに違いありません。罪を滅しようと思うのは、自力のこころであって、臨終正念であるようにと祈る人の本意なのだから、他力の信心がないのであります。

〈第十五条〉

煩悩を具足した身で、すでにさとりを開くということ。このことは、とんでもない間違いであります。

即身成仏は、真言秘教（真言宗）の本意、（身口意の三業を如来と完全に一致させる）三密の修行の証果である。六根清浄は、また、法華一乗（天台宗）の説く所、四安楽の行の果として得られる徳である。これ

来生の開覚は他力浄土の宗旨、信心決定の通故なり。これまた易行下根のつとめ、不簡善悪の法なり。おおよそ、今生においては、煩悩悪障を断ぜんこと、きわめてありがたきあいだ、真言・法花を行ずる浄侶、なおもって順次生のさとりをいのる。いかにいわんや、戒行恵解ともになしといえども、弥陀の願船に乗じて、生死の苦海をわたり、報土のきしにつきぬるものならば、煩悩の黒雲はやくはれ、法性の覚月すみやかにあらわれて、尽十方の無碍の光明に一味にして、一切の衆を利益せんときこそ、さとりにてはそうらえ。この身をもってさとりをひらくとそうろうなるひとは、釈尊のごとく、種種の応化の身をも現じ、三十二相八十随形好をも具足して、説法利益そうろうにや。これをこそ、今生にさとりをひらく本とはもうしそうらえ。『和讃』にいわく「金剛堅固の信心の　さだまるときをまちえて

みな難行上根のつとめ、観念（精神統一）成就のさとりである。来生の開覚（未来の生における覚り）は、他力浄土の宗旨、信心決定の通故（鉄則・道理）である。これまた易行下根のつとめ、善悪を分け隔てしない法である。

およそ、今生きている間の一生においては、煩悩悪障を断つということは、きわめて困難であるので、真言・法華を修行する浄らかな僧侶でさえ、なお、この一生が終わって生まれる次の生のさとりを祈るのである。まして、戒行（戒律をたもち修行すること）も慧解（修行によって智慧を得てよく解る力）もともに無くても、弥陀の願船に乗って、生死の苦海をわたり、報土（本願に報いた浄土）の岸に着いてしまうものならば、煩悩の黒雲がはやく晴れ、法性の覚りの月が速やかにあらわれて、尽十方の無碍の光明に一味（全く一つ）になって、一切の衆（生）を利益するようになる時こそ、覚りでありましょう。

この身でもって覚りを開くと申すような人は、釈尊のように、種種の応化の身をも現わし、三十二相八十

ぞ　弥陀の心光摂護して　ながく生死をへだてける」（善導讃）とはそうろうは、信心のさだまるときに、ひとたび摂取してすてたまわざれば、六道に輪廻すべからず。しかればながく生死をへだてそうろうぞかし。かくのごとくしるを、さとるとはいいまぎらかすべきや。あわれにそうろうをや。「浄土真宗には、今生に本願を信じて、かの土にしてさとりをばひらくとならいそうろうぞ」とこそ、故聖人のおおせにはそうらいしか。

第十六条

随形好をも具足して、説法して、衆生に利益を与えなさるのでしょうか。これをこそ、今生に覚りを開く本（手本・模範）とは申すのですよ。

和讃に、「金剛のように堅固な信心が、定まる時をよく待って（くださって）、阿弥陀仏の心光が（金剛堅固の信心の人を）摂め護って、とこしなえに生死を隔ててくださることよ」とございますのは、信心が定まる時にひとたび摂取してお捨てにならないので、六道に輪廻することがない。そうであるから、とこしなえに生死を隔てるのでございますぞ。このように知ることを、覚ると言って紛れるようにしてよいでしょうか（いや、決してそうあってはなりません）。あわれなことでございますなあ。

「浄土真宗には、今の生に本願を信じて、彼の土において覚りを開くと習いましたぞ」と、今は亡き聖人（親鸞）の仰せにはございましたぞ。

〈第十六条〉

一、信心の行者、自然に、はらをもたて、あしざまなることをもおかし、同朋同侶にもあいて口論をもしては、かならず廻心すべしということ。この条、断悪修善のここちか。一向専修のひとにおいては、廻心ということ、ただひとたびあるべし。その廻心は、日ごろ本願他力真宗をしらざるひと、弥陀の智慧をたまわりて、日ごろのこころにては往生かなうべからずとおもいて、もとのこころをひきかえて、本願をたのみまいらするをこそ、廻心とはもうしそうらえ。一切の事に、あしたゆうべに廻心して、往生をとげそうろうべくは、ひとのいのちは、いづるいき、いるほどをまたずしておわることなれば、廻心もせず、柔和忍辱のおもいにも住せざらんさきにいのちつきば、摂取不捨の誓願は、むなしくならせおわしますべきにや。くちには願力をたのみたてまつるといいて、こころには、さこそ悪人をたすけんという願、不思議

信心の行者が、自然に、腹をも立て、悪し様なことをも犯し、同朋同侶に会って口論をもすることがあったならば、必ず回心しなければならないということ（信心の行者が、腹をも立て、悪し様なことをも犯し、同朋同侶に会って口論をもしては、自然に、必ず回心するべきであるということ……了祥の説）。

このことは、断悪修善の心地（なのだろう）か。一向専修のひとにおいては、回心ということは、ただ一度あるべきである。その回心は、日頃、本願他力真宗を知らない人が、弥陀の智慧をいただいて、日頃の心では往生が叶わないにちがいないと思って、もとの心を引き換えて、本願をおたのみ申し上げるのをこそ、回心とは申すのであります。

すべてのことについて、朝・夕に回心して、往生を遂げるべきであるならば、人の命は、出る息が入る間を待たないで終わることであるから、回心もしないで、柔和忍辱の思いにも住しない前に命が尽きるならば、摂取不捨の誓願は、空しくおなりになるべきなのでしょうか（いや、そうではありません。「もとの心

にましますというとも、さすがよからんものをこそ、たすけたまわんずれとおもうほどに、願力をうたがい、他力をたのみまいらするこころかけて、辺地(へんじ)の生(しょう)をうけんこと、もっともなげきおもいたもうべきことなり。信心さだまりなば、往生は、弥陀にはからわれまいらせてすることなれば、わがはからいなるべからず。わろからんにつけても、いよいよ願力をあおぎまいらせば、自然のことわりにて、柔和忍辱のこころもいでくべし。すべてよろずのことにつけて、往生には、かしこきおもいを具(ぐ)せずして、ただほれぼれと弥陀の御恩の深重(じんじゅう)なること、つねはおもいいだしまいらすべし。しかれば念仏ももうされそうろう。これ自然なり。わがはからわざるを、自然ともうすなり。これすなわち、他力にてまします。しかるを、自然ということの別にあるように、われものしりがおにいうひとのそうろうよし、うけたまわる、あさま

を引き換えて本願をたのみまいらする」ものは、いついかなる亡くなり方をしても、摂取不捨の誓願は真実にはたらくのであります）。

口では、（弥陀の）願力をおたのみ申し上げますと言って、心では、それほど悪人をたすけようという願が不思議でおありだとしても、やはり善い者をこそお助けになられるに違いないと思うので、願力を疑い、他力をおたのみ申し上げる心が欠けて、辺地の生を受けるようなことは、最も嘆かわしくお思いになるべきことであります。

信心が定まったならば、往生は、弥陀に、おはからいをいただいてすることであるので、わがはからいであるべきではありません。悪いにつけても、いよいよ願力を仰ぎ申しあげれば、自然の道理で、柔和忍辱のこころも出て来るでしょう。すべて万事につけて、往生には、小賢(こざか)しいおもいを具(そな)えずに、ただほれぼれと弥陀の御恩の深重なること、日常は思い出させていただくのがよいのです。そうすれば、おのずから念仏も申されるのでございます。これが自然です。自(みずか)らがは

しくそうろう。

第十七条

一　辺地往生をとぐるひと、ついには地獄におつべしということ。この条、なにの証文にみえそうろうぞや。学生だつるひとのなかに、い（言）いい（出）ださるることにてそうろうなることそ、あさましくそうらえ。経論正教をば、いかようにみなされてそうろうらん。信心かけたる行者は、本願をうたがうによりて、辺地に生じて、うたがいのつみをつぐのいてのち、報土のさとりをひらくとこそ、うけたまわりそうらえ。信心の行者すくなきゆえに、化土

からわないのを、自然ともうすのです。これすなわち他力なのでございます。それなのに、自然ということが別にあるように、自分こそが物を知っているという顔で言う人がございますことをお聞きいたしますことは、あさましいこと（非常に残念なこと、情けないこと）でございます。

〈第十七条〉

辺地往生をとげる人は、最後には地獄におちなければならないということ。

このことは、どの証文に見えるでありましょうか。学者めかした人たちの中に言い出されることであると聞いておりますことこそは、あさましいことでございます。経論や正しい教えを、どのように見なされているのでしょうか。

信心が欠けた行者は、本願を疑う（こと）によって、辺地に生じて、疑いの罪を償って後に、報土の覚りを開くとこそ、うけたまわっております。信心の行者が少

におおくすすめいれられそうろうを、ついにむなしくなるべしとそうろうなるこそ、如来に、虚妄をもうしつけまいらせられそうろうなれ。

第十八条

一、仏法のかたに、施入物の多少にしたがって、大小仏になるべしということ。この条、不可説なり、不可説なり。比興のことなり。まず仏に大小の分量をさだめんことあるべからずそうろうか。かの安養浄土の教主の御身量をとかれてそうろうも、それは方便報身のかたちなり。法性のさとりをひらいて、長短方円のかたちにもあらず、青黄赤白黒のいろをもはなれなば、なにをもってか大小をさだむべきや。念仏もうすに化仏をみたてまつるということのそうろうなるこそ、「大念には大仏をみ、小念には小仏をみる」といえるが、もし

ない故に、化土に多く勧め入れてくださいましたのに、最後に空しくなる（無駄になる）にちがいない、と申しておりますことは、如来に向かって、嘘を仰ったと申しつけなされることでございますよ。

〈第十八条〉

仏法の方に、施入物の多少にしたがって、大小の仏になるにちがいないということ。

このことは、不可説（説いてはならないこと）である。不可説である。道理に合わぬことである。

まず、仏に大小の分量を定めることは、あってはならないことではないか。かの安養浄土の教主の御身量（仏身の大きさ）が説かれてはいても、それは方便、報身のかたちです。（まことの仏は）法性のさとりをひらいて、長短方円の形でもなく、青黄赤白黒の色をも離れてしまっているならば、どういうわけで大小を定めることができましょうか。

念仏申す（時）に化仏を見たてまつるということの

このことわりなんどにばし、ひきかけられそうろうやらん。かつはまた檀波羅蜜の行ともいいつべし。いかにたからものを仏前にもなげ、師匠にもほどこすとも、信心かけなば、その詮なし。一紙半銭も、仏法のかたにいれずとも、他力にこころをなげて信心ふかくは、それこそ願の本意にてそうらわめ。すべて仏法にことふ（を）よせて世間の欲心もあるゆえに、同朋をいいおどさるるにや。

後序

右条々は、みなもって信心のことなるより、ことおこりそうろうか。故聖人の御ものがたりに、法然聖人の御とき、御弟子そのかずおわしけるなかに、おなじく御信心のひともすくなく

ございますことをこそ、「大念には大仏をみ、小念には小仏をみる」（大集経、取意）と言っていますが、もしかすると、このことわりなどに、こじつけられておられるのでしょうか。

もう一方には、檀波羅蜜の行であると言うことができます。（しかし）どれほど宝物を仏前にもなげ、師匠に施しても、信心がかけたならば、それは無駄なことです。紙切れ一枚、銭半分も仏法の方に入れなくとも、他力にこころをなげて信心が深いなら、それこそ願の本意でございましょう。すべて仏法にかこつけて、世間の欲心もある故に、同朋を言い脅しなさるのでありましょうか。

〈後序〉

右の条々は、みな信心の異なることから事が起こったのでしょうか（なぜそんなことになるのだろう。あれほど明確な親鸞聖人の教えだったにもかかわらず……）。

おわしけるにこそ、親鸞、御同朋の御なかにして、御相論のことそうらいけり。そのゆえは、「善信が信心も、聖人の御信心もひとつなり」とおおせのそうらいければ、誓観房、念仏房なんどもうす御同朋達、もってのほかにあらそいたまいて、「いかでか聖人の御信心に善信房の信心、ひとつにはあるべきぞ」とそうらいければ、「聖人の御智慧、才覚ひろくおわしますに、一ならんともうさばこそ、ひがごとならめ。往生の信心においては、まったくことなることなし、ただひとつなり」と御返答ありけれども、なお、「いかでかその義あらん」という疑難ありければ、詮ずるところ聖人の御まえにて、自他の是非をさだむべきにて、この子細をもうしあげければ、法然聖人のおおせには、「源空が信心も、如来よりたまわりたる信心なり。善信房の信心も如来よりたまわらせたまいたる信心なり。されば、ただひとつなり。別の信心にて

今はなき聖人（親鸞）のお話なさったことによると、法然聖人のご在生の時、御弟子、その数多くおられた中に、同じく御信心の人は、少なかったそうですよ。

親鸞は、御同朋（法然聖人のお弟子たち）の中において、御相論のことがございました。その故は、「善信の信心も、聖人（法然）の御信心もひとつ（同じ）である」と仰せがございましたら、誓観房、念仏房などという御同朋達が、とんでもないほどに、先をあらそって、「どうして聖人の御信心に善信房の信心が、ひとつ（同じ）であるべきであろうか（そんなことはあるわけがない）」とございましたので、「聖人の御智慧・才覚がひろくおありなのに、（その御智慧・才覚と）ひとつであろうと申すならば、それこそ、あやまったことでありましょう。（しかし）往生の信心においては、まったく異なることがありません。ただひとつである」と御返答があったけれども、なお、「何でその義（いわれ）があるだろうか（そんなことはあるわけがない）」という疑難があったので、結局のところ（法然）聖人の御前にて、自他の是非を定めるべきである

おわしまさんひとは、源空がまいらんずる浄土へは、よもまいらせたまいそうらわじ」とおおせそうらいしかば、当時の一向専修のひとびとのなかにも、親鸞の御信心にひとつならぬ御こともそうろうらんとおぼえそうろう。いずれもいずれも、くりごとにてそうらえども、かきつけそうろうなり。露命わずかに枯草の身にかかりてそうろうほどにこそ、あいともなわしめたもうひとびと、御不審をもうけたまわり、聖人のおおせのそうらいしおもむきをも、もうしきかせまいらせそうらえども、閉眼ののちは、さこそしどけなきことどもにてそうらわんずらめと、なげき存じそうらいて、かくのごとくの義ども、おおせられあいそうろうひとびとにも、いいまよわされなんどせらるることのそうらわんときは、故聖人の御こころにあいかないて御もちいそうろう御聖教どもを、よくよく御らんそうろうべし。おおよそ聖教には、真実権

と、この子細を申し上げると、法然聖人の仰せには、「源空が信心も、如来よりたまわった信心である。善信房の信心も如来よりたまわってくださった信心である。それゆえ、ただ一つである。別の信心にておられるような人は、源空が参るであろう浄土へは、まさか御参りなさらないであろう」と（法然聖人の）仰せがありましたので、このごろの一向専修のひとびとのなかにも、親鸞の御信心にひとつでないこともございましたのでしょう、と思われるのでございます。

どれもこれも、繰り返し言うことでありますけれど、書きつけましたのです。露のような命がわずかに枯草のような身にかかっていますあいだだけは、歩みをともにしている人々の御不審をも承っては、聖人が仰せでございました趣旨をも、申し聞かせさせていただきますけれど、私が亡くなった後は、それこそだらしないことがございましょうと、歎きがございまして、このような間違ったことを仰りあっておられる人々にも、言い迷わされたりなさることなどがおありのときは、今は亡き聖人の御心にかなってお用いにな

仮ともにあいまじわりそうろうなり。権をすてて実をとり、仮をさしおきて真をもちいることそ、聖人の御本意にてそうらえ。かまえてかまえて、聖教をみ、みだらせたもうまじくそうろう。大切の証文ども、少々ぬきいでまいらせそうろうて、目やすにして、この書にそえまいらせてそうろうなり。聖人のつねのおおせには、「弥陀の五劫思惟の願をよくよく案ずれば、ひとえに親鸞一人がためなりけり。されば、それほどの業をもちける身にてありけるを、たすけんとおぼしめしたちける本願のかたじけなさよ」と御述懐そうらいしことを、いままた案ずるに、善導の、「自身はこれ現に罪悪生死の凡夫、曠劫よりこのかた、つねにしずみ、つねに流転して、出離の縁あることなき身としれ」(「散善義」)という金言に、すこしもたがわせおわしまさず。されば、かたじけなく、わが御身にひきかけて、われらが、身の罪悪のふかき

られました御聖教などを、よくよくご覧になって下さい。

およそ聖教には、真実権仮がともに雑じわっているのでございます。権をすて実をとり、仮をさしおいて真を用いることこそ、聖人の御本意でございます。くれぐれも聖教を見て、まちがえなさってはならないのでございます。大切の証文などを、少々抜き出し申し上げて、目安にして、この書に添えさせていただいたのでございます。

聖人のつねに仰られたことには、「弥陀の五劫思惟の願をよくよく(わが身に引き当てて)考えてみると、ひとえに親鸞一人のためだったのです。そうであるから、それほどの業をもった身(自分)であったのを、たすけようと思い立たれた本願がなんとかたじけないことでしょうか」と御述懐がございましたことを、いままた考えると、善導の、「自身はこれ現に罪悪生死の凡夫、曠劫よりこのかた、つねにしずみ、つねに流転して、出離の縁あることなき身と知れ」(散善義)という尊いお言葉に、すこしも違いがございません。

ほどをもしらず、如来の御恩のたかきことをもしらずしてまよえるを、おもいしらせんがためにてそうらいけり。まことに如来の御恩ということをばさたなくして、われもひとも、よしあしということをのみもうしあえり。聖人のおおせには、「善悪のふたつ総じてもって存知せざるなり。そのゆえは、如来の御こころによしとおぼしめすほどにしりとおしたらばこそ、よきをしりたるにてもあらめ。如来のあしとおぼしめすほどにしりとおしたらばこそ、あしさをしりたるにてもあらめど、煩悩具足の凡夫、火宅無常の世界は、よろずのこと、みなもって、そらごとたわごと、まことあることなきに、ただ念仏のみぞまことにておわします」とこそ、おおせはそうらいしか。まことに、われもひともそらごとをのみもうしあいそうろうなかに、ひとついたましきことのそうろうなり。そのゆえは、念仏もうすについて、信心のおもむきを

そうであるから、かたじけないことに御自ら（親鸞）の身にひきかけて、我らが、身の罪悪の深いほどをも知らず、如来の御恩の高いことをも知らずに迷っていることを、思い知らせようがためでございましたのです。

　まことに如来の御恩ということを沙汰（考えること）なくして、われもひとも、善し悪しということをばかりを申し合っています。聖人の仰せには、「善と悪のふたつを（私は）なにも存知していません。その故は、如来の御心において善いと思し召すほどに知りとおしたならば、それこそ、善いということを知ったことであります。如来が悪いと思し召すほどに知りとおしたならばこそ、悪いということを知ったということでもあろうけれど、煩悩具足の凡夫、火宅無常の世界は、万事が万事、そらごと・たわごとで、まことのあることがないのに、ただ念仏だけがまことでおありなのです」と仰せがございましたことです。

　まことに我も人もそらごとばかり申し合っている中に、一つ、痛ましいことがございます。それは、念仏

も、たがいに問答し、ひとにもいいきかすとき、ひとのくちをふさぎ、相論をたたんがために、まったくおおせにてなきことをも、おおせとのみもうすこと、あさましく、なげき存じそうろうなり。このむねを、よくよくおもいとき、こころえらるべきことにそうろう。これさらにわたくしのことばにあらずといえども、経釈(きょうしゃく)のゆくじもしらず、法文(ほうもん)の浅深(せんじん)をこころえわけたることもそうらわねば、さだめておかしきことにてこそそうらわめども、古親鸞のおおせごとそうらいしおもむき、百分が一(ひとつ)、かたはしばかりをも、おもいいでまいらせて、かきつけそうろうなり。かなしきかなや、さいわいに念仏しながら、直(じき)に報土(ほうど)にうまれずして、辺地(へんじ)にやどをとらんこと。一室(いっしつ)の行者(ぎょうじゃ)のなかに、信心ことなることなからんために、なくなくふでをそめてこれをしるす。なづけて『歎異抄』というべし。外見(げけん)あるべからず。

申すについて、信心の趣(おもむき)を互いに問答し、人にも言い聞かす時、人の口を塞ぎ（相手を黙らせ）、議論を断とうとするために、まったく（親鸞聖人の）仰せでないことをも、仰せとばかり申すことは、あさましく、歎かわしく存ずることでございます。この趣旨を、よくよく思い解き、心得られるべきことでございます。

これはまったく私の（勝手な）言葉でないと言っても、経釈の行く路（筋道）も知らず、法文（法門）の浅深を心得て分かったこともございませんので、きっとおかしいことでございましょうけれども、むかし親鸞が仰せになられたことがございました趣旨の、百分の一、片端ばかりをも、思い出し申しあげて、書き付けましたことです。

ああなんと悲しいことであろうか。さいわいに念仏しながら、直に報土に生まれないで、辺地に宿を取るようなことは。一室の行者のなかに、信心が異なることがないようにと、泣く泣く筆を染めてこれを記したのです。名づけて『歎異抄』といいましょう。外に見せることがあってはなりません。

承元の弾圧の記録

後鳥羽院の御宇、法然聖人他力本願念仏宗を興行す。時に、興福寺僧侶敵奏の上、御弟子中狼藉子細あるよし、無実風聞によりて罪科に処せらるる人数の事

一、法然聖人ならびに御弟子七人流罪、また御弟子四人死罪におこなわるるなり。聖人は土佐国番田（幡多）という所へ流罪、罪名藤井元彦男云々、生年七十六歳なり。

親鸞は越後国、罪名藤井善信云々、生年三十五歳なり。

浄聞（圓）房備後国、澄西禅光房伯耆国、好覚房伊豆国、行空法本房佐渡国、幸西成覚房・善恵房二人、同遠流にさだまる。しかるに無動寺の善題大僧正、これを申しあずかると云々

遠流の人々已上八人なりと云々

〈承元の弾圧の記録〉

後鳥羽院の治世の時代に、法然聖人が他力本願念仏宗を興行した。時に、興福寺の僧侶が敵奏した。御弟子の中にでたらめな行状があるという、無実の風聞によって罪科に処せられた人々のこと。

法然聖人ならびに御弟子七人が流罪、また御弟子四人が死罪に処せられた。法然聖人は土佐国番田という所へ流罪、罪名（罪人としての名）は藤井元彦、男という。生年七十六歳である。

親鸞は越後国、罪名は藤井善信という。生年三十五歳である。

浄聞（円）房は備後国、澄西禅光房は伯耆国、好覚房は伊豆国、行空法本房は佐渡国、幸西成覚房・善恵房の二人は、同じく遠流にさだまる。しかるに無動寺の前大僧正（慈円）、これを申しあずかるという。

遠流の人々は、已上八人であったということだ。

死罪に処せられた人々。

死罪に行わるる人々
一番　西意善綽房
二番　性願房
三番　住蓮房
四番　安楽房
二位法印尊長の沙汰なり。
親鸞僧儀を改めて俗名を賜う。よって僧に非ず俗に非ず。然る間、禿の字を以て姓と為して奏聞を経られ了わんぬ。彼の御申状、今に外記庁に納ると云々
流罪以後愚禿親鸞と書かしめ給うなり。

奥書

右、斯の聖教は、当流大事の聖教たるなり。無宿善の機においては、左右無くこれを許すべからざるものなり。

釈蓮如（花押）

一番　西意善綽房
二番　性願房
三番　住蓮房
四番　安楽房
二位法印尊長（後鳥羽院近臣）の沙汰である。
親鸞は、僧儀を改め俗名をあたえられた。よって、僧でないし俗でもない。ゆえに、禿の字を姓となして、奏聞を経られた。その御申状は、今、外記の庁に納められているということだ。
流罪以後、愚禿親鸞とお書きになったのである。

〈奥　書〉

右にある、この聖教は、当流（浄土真宗）の大事な聖教である。
宿善無きものには、何の思慮もなくこれを見ることを許してはならないものである。

釈蓮如（御判）

自己をみつめ、弥陀の本願に出遇う

信心の書『歎異抄』講座

第一講　いま、なぜ『歎異抄』なのか

●現代人の問題

夏目漱石は、明治の開化（近代化）の中であらわになってきた問題を、次のように指摘している。

開化が進めば進むほど、競争がますます劇しくなって、生活はいよいよ困難になる気がする
（『現代日本の開化』）

小供に学問させるのも、好し悪しだね。せっかく修業させると、その小供は決して家へ帰って来ない
（『こころ』）

昔の親は子に食わせてもらったのに今の親は子に食われるだけだ　（『こころ』）

と。以後、百年以上も経過して、漱石の時代よりも現代は、もっとその様相甚だしく、混迷の度は深まっている。現代人は、便利で快適であることを求めて、かえってせわしなく忙しくなった。多くの人々が疲れて不機嫌な顔をしている。忙しいとは、字の成り立ちから説明すれば、心が亡くなっている状態であるという。なるほど、心ない行いがずいぶんと横行している。オレさえよければ、としか考えていないのではないか。勉強したせいで理屈はこねるが、自らのエゴイズム自体を問い返すことをせず、親の恩を思わない薄情な人間が多くなってしまった。

たとえば、電車に乗れば早速スマホを見始める人が多い。インターネットが普及し、情報伝達は便利になったはずであるが、ＳＮＳ（ソーシャル・ネットワーキング・サービス）による個人攻撃でブログなどが「炎上」する。社会全体が不寛容になり、匿名で過剰に攻撃できるのだ。これによって、追いつめられて自ら死をえらぶ人さえ出てきた。また、あおり運転もある。車間距離を極端につめて威圧したり、幅寄せや急停止で運転を妨害したりするなど、意図して嫌がらせを行う危険行為が絶えない。発端は些細なことであっただろう。しかし日常、イライラして、ちょっと気に入らないことがあれば、他人に対してすぐ攻撃的で暴力的な行動に出る。電車の乗客同士のトラブルも随分多い。それも、若者よりも中高年のもめごとが目立つのである。日ごろ募る不満のため、自らをコントロールできないでいるのだ。あわせて、新型感染症に対応する中での、同調圧力・自粛警察の問題もある。

このような時代だからこそ、多くの人に『歎異抄』を読んでほしい。『歎異抄』には、現代人に必要な教えが書いてある。その内容の一端をたずねてみよう。

●異なることを歎く心

『歎異抄』は、親鸞（一一七三〜一二六二）の教えを受けた唯円が、師が亡くなってから二十数年を経過して、同門の人々の中に、親鸞の仰せではない「異義（異なった主義主張）」が横行するようになったことを歎いて書かれた本である。その前半は、親鸞の直接の教えが記された部分で「師訓篇」といい、後半は、異義を歎きつつ書かれた部分で「歎異篇」と呼ばれている。

上記二篇を総じた全体の序文である「前序」には、

> **先師口伝の真信に異なることを歎き** （前序）

とあり、むすびの「後序」にも、

> **一室の行者のなかに信心ことなることなからんために、なくなくふでをそめてこれをしるす。なづけて『歎異抄』というべし** （後序）

とある。現代人は、意見の異なる者に対して、特に不寛容である。しかし、『歎異抄』はそうではない。決して異端排撃のために書かれたものではなく、異義を歎いて、その人たちが自らの誤りに気が付き、もとの親鸞の教えに立ち帰るようにと願う慈悲心から書かれている。異なることを排除するのでなく「異なることを歎く心」である。この点は、相互に偏見を以て差別し、排除しあって、心の安まることがない現代人にとってこそ、大事なことではないか。

また、『歎異抄』の中には、対話が残されている。特に、第九条は注目すべきであろう。

その冒頭には、

〈念仏を申しましても、躍り上がって喜ぶこころがまばらでございますこと、またいそいで浄土へ参りたい心がございませんのは、どうしたらよろしいのでしょうか〉

と、唯円が尋ねている。これに、

〈親鸞もこの不審があったが、唯円房は同じ心であったのだな〉

と親鸞は答えるのである。

親鸞聖人像（西本願寺蔵）

親鸞は、いかに弾圧されても決して転向せず念仏の教えを実践し、また、浄土往生を願って生きる人であった。そのような人に、とても申し上げるべきことではないと思いつつも、唯円は、胸の中に隠しておくことが出来ず、実際問題として止むに止まれぬ気持ちから問うたのである（この点について、曽我量深選集・第六巻『歎異抄聴記』第十六講・大法輪閣、の解説をご参照いただきたい）。

しかし、この問いは実は、親鸞の本音を突く問いであった。だから、「親鸞もこの不審ありつるに、唯円房おなじこころにてありけり」（第九条）と驚き、共感したのである。

これは決して、できの悪い教え子に配慮してわざと言われた言葉ではない。なぜなら、親鸞の主著『教行信証』「信巻」に、

誠に知りぬ。悲しきかな、愚禿鸞、愛欲の広海に沈没し、名利の太山に迷惑して、定聚の数に入ることを喜ばず、真証の証に近づくことを快しまざることを、恥ずべし、傷むべし

（「信巻」悲嘆述懐）

〈誠に知った。なんと悲しいことか、私、愚禿鸞は、愛欲の広海に沈没し、名誉欲と利欲の太山に迷い惑うて、仏に成るべき身である定聚の数に入ったことを喜ばず、真の証りを証ることに近づくことを快しまないでいることを、恥ずべし、傷むべし〉

という言葉があるからである。また、「化身土巻」に、

悲しきかな、垢障の凡愚、無際より已来、助・正間雑し、定散心雑するがゆえに、出離その期なし。自ら流転輪廻を度るに、微塵劫を超過すれども、仏願力に帰しがたく、大信海に入りがたし。良に傷嗟すべし。深く悲歎すべし

（「化身土巻」悲嘆述懐）

〈なんと悲しいことか、煩悩の障りだらけの凡夫で愚かな私は、はてしない昔から今までずっと、ただ念仏一筋でなく、自力修行の心が雑じるゆえに、迷いから出離する期がない。自ら流転輪廻をはかれば、どれほど長い時を超え過ぎても仏の願力に帰しがたく、大いなる信心の海に入りがたい。まことに傷み嗟くべし。深く悲歎すべし〉

という言葉がある。これは率直な本音である。つまり、異なるは自身である。だからこそ、歎異の心情が共感するのだ。自分が正しいというのではなく、「自分が異なっていたという歎き」こそが共感の原点である。これが現代人には欠けている。『歎異抄』の「歎異の心」に学ばなければならない所以である。

よくよく案じみる

そして親鸞は、「よくよく案じみれば」と話を進める。唯円も身を乗り出して聞いている。歎異感情の共感によって思索が共同されていくのである。「よくよく案じみれば」とは、事実をふまえて胸に手を当てて、よくよく考えるということである。それによって明らかになったことが、念仏をよろこばないことによって、ますます往生は定まっていると思うべきであり、浄土に参りたい心がないからこそ仏の悲願がかけられている、ということであった。

念仏しても喜べないし、浄土に行きたい心が無いのは煩悩のはたらきであって、だからこそ煩悩のわれらのために悲願ましますなりと、「いよいよたのもしくおぼゆるなり（ますますたのもしく感じられるのだ）」と言われるのだ。おそらく五十歳ほども年の離れた親鸞と唯円である。しかし、両者に歎異の心の共感がある。建前（たてまえ）でなく、胸を開いた対話である。ここに現代人は学ぶべきではないか。

上述の「よくよく案じみれば」や、「よくよく案ずれば」という言葉は、親鸞の口癖にまでなっていた言葉のようである。『歎異抄』の「後序」にもこの言葉がある。そこには、

聖人（しょうにん）のつねのおおせには、弥陀（みだ）の五劫思惟（ごこうしゆい）の願をよくよく案ずれば、ひとえに親鸞一人（いちにん）がためなりけり。されば、そくばくの業（ごう）をもちける身にてありけるを、たすけんとおぼしめしたちける本願のかたじけなさよ（後序）

〈阿弥陀仏が五劫（ごこう）の長い間、思惟なさって発（おこ）された念仏往生の本願をよくよく考えてみると、ただひとえに親鸞一人のためだったのだなあ。だから（ということは）、数知れないほど多くの業をもったわが身（私自身）をたすけようと思い立たれた本願が、なんとかたじけないことか〉

という親鸞の述懐があげられている。述懐とは胸の内を述べることである（「そくばくの業」は、蓮如写本では「それほどの業」となっている。その場合には、「弥陀の本願を動かすほどの業」ということである）。そこに、第九条の問答と同様に内観的思索が行なわれている。

現代人にはこれが欠如している。だから、このような親鸞の態度に学ぶべきなのである。

●恩をおもう

弥陀の本願が、なんとかたじけないことか、と受け止めている親鸞は幸せである。

現代人は、自分はどうなのかということを顧みることがほとんどない。だから「そくばく（数知れないほど多く）の業をもちける身」という身の自覚がない。故に、願いをかけられている自分であることに気づかない。したがって深い感謝ができないのである。

「そくばくの業をもちける身」以外にも、このような、親鸞の身の自覚をあらわす言葉を『歎異抄』から拾えば、

罪悪深重煩悩熾盛の衆生　（第一条）
いずれの行も及びがたき身　（第二条）
煩悩具足のわれら　（第三条）

煩悩具足の凡夫（第九条）

まことに、よくよく煩悩の興盛にそうろうにこそ（第九条）

などである。また、唯円の言葉にも、

かかるあさましき身（第十三条）

かかるあさましき罪人（第十四条）

などがある。このような自己自身についての気づきを「機の深信」という。

たとえば『歎異抄』「後序」には、先の「親鸞一人」の述懐の文を受けて、

いままた案ずるに、善導の、「自身はこれ現に罪悪生死の凡夫、曠劫よりこのかた、つねにしずみ、つねに流転して、出離の縁あることなき身としれ」（「散善義」）という金言に、すこしもたがわせおわしまさず。されば、かたじけなく、わが御身にひきかけて、われらが、身の罪悪のふかきほどをもしらず、如来の御恩のたかきことをもしらずしてまよえるを、おもいしらせんがためにてそうらいけり。まことに如来の御恩ということをばさたなくして、われもひとも、よしあしということをのみもうしあえり（後序）

〈今また考えてみると、善導の、「自身はこれ現に罪悪生死の凡夫、はるか遠い昔から今までずっと、つねに迷いにしずみ、つねに流転して、迷いから離れ出る縁（手がかり・きっかけ）がない身であると知れ」（「散善義」）という尊い言葉に、すこしも違うことがありません。だから、かたじけないことに、親鸞聖人はご自身の身に引きかけられて、われらが、身の罪悪がどれほど深いのかをもしらず、如来の御恩のたかきことをも知らないで迷っているのを、思い知らせんがためでございましたことです。まことに如来の御恩ということを思うことなく、われもひとも、善し悪しということばかり申しあっています〉

と唯円は記している。これによれば、「身の罪悪」を知らなければ、「如来の御恩のたかきこと」を知らないということである。

今となっては古いと言われることかもしれないが、「仰げば尊しわが師の恩」とか「父母の恩は山よりも高く海よりも深し」という言葉がある。これらは、愚かな自分、弱い自分、欠点だらけの自分であるということに気づいたところでなければ、決して言い得ない言葉である。

より深く自己を顧みることが、正しく現代人の課題である、というべきではないだろうか。これによって、自己を正当化して他人を攻撃することを転じて、寛容の心をもって人と接するものとなる。わが身を「よくよく案」じみる思慮深さを得て、恩（めぐみ）に気づき、そこに感謝のまことを表すようになる道がある。

それ故に、『歎異抄』は現代人が学ぶべき名著である。

第二講　『歎異抄』の基礎知識

●その成立

『歎異抄』は、どのような事情で成立したのだろうか。また、近代において再発見されたと言われる理由はなにか。そして、真宗教義の全体においては、どのような位置づけが与えられるのだろうか。親鸞の語録『歎異抄』は、今でこそ多くの人に知られるようになったが、実はその昔、江戸時代には、いつごろ、だれによって書かれたものなのかさえ、はっきりとしない状態だった。現存最古の写本である、本願寺第八代の蓮如による書写本以来、数々の写本には書名の下に著者名を記したものがない。それ故、作者について、いくつかの推論がなされた。

『歎異抄』の序文には、

竊かに愚案を廻らして、粗古今を勘うるに、先師の口伝の真信に異なることを歎き、後学相続の疑惑あることを思うに、幸いに有縁の知識に依らずは、いかでか易行の一門に入ることを得んや。全く自見の覚語を以て、他力の宗旨を乱ること莫れ。仍って、故親鸞聖人の御物語の趣、耳の底に留まる所、聊かこれを注す。偏に同心行者の不審を散ぜんが為なりと　（前序）

と、著作の因縁と願いが記されている。

それは、

〈ひそかに愚かな思案をめぐらして、おおまかに昔から今までを考えてみると、先師、すなわち今は亡き師（親鸞）が、直接に教えてくれた真の信心に異なることを歎き、後に続いて学ぶ人々の疑い惑いがあることを思うにつけ、幸いに真実の善知識に依ることがなければ、どうしてただ念仏という行じ易い教えに入門することができようか。全く自分勝手な理解で、他力の宗旨を乱れるようにしてはならない。それ故に、今は亡き親鸞聖人がお話になられた趣旨で、耳の底に留まっている所をわずかばかり書き留める。それは、ほかのことではない。ただ偏に、心を同じくする行者の不審を解消したいがためである〉

というほどの意味である。親鸞の滅後、同門の教え子の中に信心の異なりが出てきたことを歎き、それらの人々が、親鸞の教えられた真の信心に立ち返ることを願って書かれたのである。

この文章によって、『歎異抄』は、親鸞から直接に教えを受けた人（面授口訣の弟子）が、師の滅後に書かれたものという見当はつくのである。

では、作者はだれなのだろうか。また、その成立はいつか。

『歎異抄』研究の初期には、作者は、本願寺第三代の覚如ではないかという説があった。覚如の著作である『口伝鈔』や『改邪鈔』や『御伝鈔』に、『歎異抄』と同じような言葉があるからである。たとえば、「親鸞は弟子一人も持たず」という言葉や、「悪人正機説」。また、念仏以外の善は要らないし、悪もおそれなくて良いという言葉。さらには、人を千人殺してみないか、という話。そして、法然と親鸞の信心が同じか違うかの論争（「信心一異の諍論」）等々。これらの記事は『歎異抄』ばかりでなく、右にあげた覚如の著作類にも出ている。

しかし、江戸時代後期の真宗大谷派の講師（学匠の最高位）であった深励は、覚如説を否定して、作者は親鸞の孫・如信ではないかと主張した。覚如は親鸞滅後の誕生であり、直接に親鸞の教えを受けられるわけがないからである。覚如に親鸞の教えを伝えたのは如信である。その如信が作者であろうと説いた。

ところが、高倉学寮で深励に学んだ了祥は、故郷の三河に帰ってからもコツコツと研究を重ね、『歎異抄』を精読して、『歎異抄』の第九条・第十三条に、親鸞から名前を呼ばれ直接の対話の相手となった唯円その人でなければ書けない文体であるとして、作者は唯円であると主張した。それ以来、次第に「著者唯円説」は定着して今日に至っている（この了祥の講義録は、後に触れる『歎異抄聞記』である）。

唯円は、覚如の伝記『慕帰絵詞』によれば、常陸国河和田の報仏寺を開いた人であり、親鸞滅後、数え年で二十七年目の正応元（一二八八）年に上洛して、本願寺に参り、覚如と「善悪二業」のことなど法義を語り合っている。『慕帰絵詞』には、「かの唯円大徳は、鸞聖人の面授なり。鴻才弁説の名誉」ありと記されている。「面授」とは直接に遇って教えを受けることである。「鴻才弁説」とは、才覚が広大で弁説もすぐれているということだ。

江戸時代に、親鸞とその門弟らの足跡を訪ねた先啓の『大谷遺跡録』には、唯円は正応二年、六十八歳にして大和の下市にある立興寺にて逝去されたと伝えており、現に立興寺の本堂の裏手に唯円の墓があるのである。唯円は親鸞よりも五十歳年下であったということになる。おそらく直弟子の中でも最も若手の方だったのではないだろうか。

『歎異抄』は、上述の如く、親鸞の直弟子・唯円が最晩年、親鸞滅後二十七年目前後に著したものと推定されるのである。

●近代における再発見

『歎異抄』の最初の発見者は蓮如である。彼は『歎異抄』第六条の「親鸞は弟子一人ももたず」という言葉を掲げて、仏法に基づく人間平等という親鸞の精神を具現化した。「御同朋御同行」とはその合言葉であり、仏法に基づく和合衆（和合した集い）を実現するものであった。しかし、それ以降『歎異抄』は、埋没してしまったのではなかったか。

江戸時代を通して『歎異抄』は、数人の学匠が講義をされた記録があるが、それは寺院の中で僧侶を対象にして行われたものであって、その講義録も筆写本であり、一般社会にはほとんど流布していなかった。真宗の学びの成果が社会に公開されていくことも、ほとんどなかったのである。『歎異抄』が広く知られるようになったのは、明治の仏教者・清沢満之と、その門下の集いであった「浩々洞」の雑誌『精神界』のメンバーの努力による。

特に恩師・清沢から『歎異抄』の精読を勧められた愛弟子の暁烏敏は、明治三六年から八年間、『精神界』に執筆し、魂の叫びを書き続けた。その文章が一冊の本にまとめられ、『歎異抄講話』として出版されたのは、ちょうど親鸞の六五〇回御遠忌にあたる明治四四年であった。

明治の終わりころ、暁烏以前にも『歎異抄』に関する解説本はあったが、いわゆる解説だけのものであって、『歎異抄』に触れて得た感動が率直に吐露された本はなかった。それ故に、暁烏の『歎異抄講話』は爆発的に多くの読者を得たのである。

その前提には、深励の『歎異抄講義』（京都護法館）の出版（明治三二年）があった。それを読んだ近角常観、清沢満之らが『歎異抄』を推奨したのである。

それは生きた信心の魂を明らかにしている書である、と受け取られてのことであった。

たとえば、清沢満之は、『歎異抄』の感想を次のように述べている。

「念仏は極楽に参るべき種なるや、地獄へ落つべき種なるや、総じて以て存知せず。只よき人の教を信ずるのみ」とあるに信服す

（『臘扇記』）

と。キリスト者・内村鑑三にも、信仰の何たるかを知らせたのが『歎異抄』である。

さらに、明治四二（一九〇九）年五月に、平松理英氏（正徳寺・東京品川法話会出版部）が了祥の講義録の写本をもとに『歎異抄聞記』を刊行した。その「著者唯円説」や、精緻な解釈や異義の分析が、深励の講義にはない魅力をもって、さらに多くの読者を得るようになったのである。

さらに大正七（一九一八）年には、倉田百三の『出家とその弟子』が出版された。それは、白樺派の文学的傾向を受けた作品で、愛と人生に苦悩する青年・唯円と、老成せる師・親鸞との対話をはじめ、親鸞と義絶された息子・善鸞とのドラマなどが繰り広げられる戯曲だった。それをもとにした舞台公演は全国で人気を博し、また、作品の内容を知ったフランスの作家、ロマン・ロランから倉田に讃辞が寄せられたものである。

そのような『歎異抄』ブームを受けて、ついに昭和の初め（六年）、金子大栄編『歎異抄』（岩波文庫）が出版された。この本は、第二次世界大戦のさなか、徴兵された青年らが、あるいはヤシの葉蔭の下で、あるいは蛸壺の中で貪るように読んだものである。安良岡康作氏は、セレベスなどにおける六年間の軍隊生活の中で、ひたすら『歎異抄』を読むことによって過酷な状況に耐え、命あって日本に帰ったたならば、ぜひとも『歎異抄』を研究したいと願ったという。その成果が『歎異抄全講読』（大蔵出版）である。

『歎異抄』は、戦前・戦中・戦後という転換期に、一貫して読み続けられてきた類いまれなる本である。野間宏、五木寛之ら文学者にも大きな影響を与えている。さらには、現在では、齋藤孝『声に出して読みたい日本語　歎異抄』としても親しまれているのである。

さて次に、しばしば話題になることであるが、『歎異抄』は真宗の教えの中に、どのような位置を持っているかを述べたい。

●真宗教義における位置づけ

真宗教義と言えば、普通話題になることは、二回向四法の法門（往相回向・還相回向の二回向と、教・行・信・証の四つの事柄）や、三々の法門（三願・三経・三機・三往生）や、二双四重（竪出・竪超・横出・横超）の教相判釈などである。真宗教義を学ぶ関心もそれらに向けられがちである。

それを基準にすれば、『歎異抄』に対して、教学体系が不備であるから真宗の聖教（教えをあらわした書籍）として十全ではないのではないか、という疑問も出されよう。しかし『歎異抄』は、教学体系を課題として真宗の教義を体系的に明かそうとする本ではない。教学体系や思想体系を建立することを目指した著作ではなく、あくまで「一室の行者の中に信心ことなることなからんために」（「後序」）書かれた「信心の書」である。

信心は、教義や教学体系の基盤として、あるいは、身体にたとえれば、身体の血の流れとして、肉の温かさとして、神経として、それを生き生きと命あらしめるものである。

その信心の最も率直な表現が、『歎異抄』「後序」の、

弥陀の五劫思惟の願をよくよく案ずれば、ひとえに親鸞一人がためなりけり。されば、それほどの業をもちける身にてありけるを、たすけんとおぼしめしたちける本願のかたじけなさよ

（後序）

という、「聖人のつねの仰せ」である。数知れないほど多くの罪業を持った親鸞一人のために、弥陀の本願が建てられたのだという「親鸞一人」の信こそが、真実信心である。要するに、自分自身はどうなのかという、自分自身に向かう内省・内観の姿勢が、親鸞の場合は欠かせないのである。

その時見出される自己は、罪悪をかかえ煩悩だらけの自分ということである。そのような自分が、どのようにして生きる勇気や喜びを得られるのか。それこそが重要問題である。

前回もたずねたが、『歎異抄』第九条には、

念仏もうしそうらえども、踊躍歓喜のこころおろそかにそうろうこと。またいそぎ浄土へまいりたきこころのそうらわぬは、いかにとそうろうべきことにてそうろうやらん

（第九条）

という唯円の問いに、

親鸞もこの不審ありつるに、唯円房おなじこころにてありけり

（第九条）

と親鸞は答えられる。

念仏しても喜びの心がまばらである。また、急ぎ浄土へ参りたい心がないことは、いったいどうしたらよいのでしょうかと問われた時に、親鸞は、自分もそうだと言う。それは建前ではない。本音の対話である。師と弟子の歎異の感情が響きあう。それがなければ和合衆は成立しない。

真実信心の共同体・和合衆成立の原点が「歎異の精神」なのである。『歎異抄』を貫く「歎異の精神」こそ、真の人間の共感・協同を実現するに違いない。

『歎異抄』は、決して異端排撃の書ではない。異なるのは自分であるという、質実なる「信心の書」である。この信心の基礎工事がなければ、いかなる教義体系もすぐに崩落してしまうであろう。

第三講 『歎異抄』の内容——各条の要約（前編）

『歎異抄』には何が書かれているのか。その内容を、今回と次回の二回に分けてたずねてみよう。

今回は、「前序」と、「師訓篇」と呼ばれる第一条～第十条（第十条は後半「歎異篇」の序＝「中序」でもある）をダイジェストで見ていきたいと思う。

「前序」 異なることを歎く心

まず『歎異抄』は、はじめの序文を「前序」と呼ぶ。なぜ、わざわざ「前序」というのかといえば、そもそも「序」には、「はじめに」という意味だけでなく、なぜこの本を書かねばならなかったかという著作の因縁・動機・目的や願いを述べるという意味がある。そして『歎異抄』の中ほどにも、終わりにも、同様の趣旨が述べられており、前述の理由から、それぞれ「中序」、「後序」と呼ばれているからである。

「前序」には、『歎異抄』を書かずにおれない作者（唯円）の真情が書かれている。彼は、「先師（親鸞）」が生きておられたころと、その入滅後二十数年を経た今の状況に思いを巡らしている。その心にあるのは、親鸞の教え子たちの中に、

先師の口伝の真信に異なること　（前序）

が行われていることへの歎きである。それは当然、後に続いて学ぶ人びとの疑い惑いを生ずる。それを何とかしたいという思いである。

まことに、真実の善知識、すなわち迷いから出離する縁である真の師との出遇いがなければ、本願念仏の一門に入ることはできない。故に、今もなお耳の底に留まって、決して忘れることのできない恩師・親鸞の言葉を書きしるすのである。それは、ただひとえに、親鸞聖人の教えに従って念仏申そうとする人々の疑問を解消したいがためであると述べる。

異なるものを排撃するのではなく、異なることを歎き、その人々が過ちに気づいて親鸞聖人の教えに立ち直るようにと願って書かれたのである。

●第一条　弥陀の誓願

この第一条は、四段に分けてみることができる。

第一段は、本願を信じ念仏申そうと思い立つ心がおこる時、摂取不捨の利益にあずかる。

第二段は、弥陀の本願においては老少善悪の人を分け隔てせず、ただ信心のみを要とする。

第三段は、罪悪深重・煩悩熾盛の衆生こそが本願の正機である。

第四段は、本願を信じた上には、他の善を求め悪を懼れる必要のない、本願念仏による人生を歩むものとなる、と述べる。


この条は、『歎異抄』全体を総括する重要な意義を持っている。「弥陀」「誓願不思議」「往生」「信」「念仏」「摂取不捨の利益」「罪悪深重」「煩悩熾盛」など、浄土真宗の教えにおける重要な用語が挙げられている。まさしく『歎異抄』の総論であり、『歎異抄』はここから出て、ここに摂まるのである（詳しくは、本講座の第五講「『歎異抄』に見られる親鸞の信仰と救い」の中の「信心と摂取不捨」、「現生の救い」の節をご参照いただきたい）。

●第二条　出遇い

はるばる関東から京の都まで、命がけで親鸞の真意を尋ねて来た人びとに向かっての、親鸞の生の言葉が記録されている。

念仏以外に浄土往生の道を知り、また法門を知っていて内緒にしているのではないか、との問いに対して、親鸞は語る。

親鸞におきては、ただ念仏して、弥陀にたすけられまいらすべしと、よきひとのおおせをかぶりて、信ずるほかに別の子細なきなり（第二条）

たとい、法然聖人にすかされまいらせて、念仏して地獄におちたりとも、さらに後悔すべからずそうろう（同上）

いずれの行もおよびがたき身なれば、とても地獄は一定すみかぞかし（同上）

と。法然との値遇を得た二十九歳以来、五十年以上を経て、今なお生き生きと躍動する出遇いの事実が率直に示された。「地獄一定」のものをこそ救おうとする本願が、「弥陀の本願」・「釈尊の説教」・「善導の御釈」・「法然のおおせ」、そしていまの「親鸞がもうすむね」まで一貫している。

「出遇い」とは、ここに語られた、よき人との出遇い、よき人の言葉（教え）との出遇い、よき人の心との出遇い、自己自身との出遇い、そして弥陀の本願とその歴史との出遇いを内容とする。それは、一生にただ一度の出来事である。しかも、親鸞は決して強制・強要しない。また、相手を突き放してもいない。真に各人各人を尊敬・尊重し、目の前の「めんめんのおんはからいなり」と諄々と語りかけている。この親鸞の告白の場面にいた人でなければ書けない、臨場感のある文である（詳しくは、本講座の第五講「『歎異抄』に見られる親鸞の信仰と救い」の中の「念仏して地獄に堕ちたりとも」の節、また、第七講「『歎異抄』と他力の教え」の中の「出遇い」の節をご参照いただきたい）。

●第三条　悪人正機

この条冒頭の、

善人なおもって往生をとぐ、いわんや悪人をや　（第三条）

〈善人でさえ往生を遂げる、まして悪人はなおさらである〉

という言葉はあまりにも有名である。しかし、それゆえ誤解する人も多い。

ここにいわれる「善人」とは、「自力作善のひと（自分の思いで善をなすことができると思っている人）」であり、「悪人」とは、「煩悩具足のわれら（煩悩がすべて具わっているわれら）」である。

どのような修行によっても、迷いを離れることができない「煩悩具足のわれら」をあわれみ悲しんで阿弥陀仏が願いをおこされた本意は「悪人成仏のため」であると、親鸞は悪人の自覚から率直にこの言葉を説かれた（詳しくは、本講座の第六講「『歎異抄』と悪人正機」をご参照いただきたい）。

●第四条　慈悲と念仏

仏教の根本は慈悲である。その慈悲に、

聖道・浄土のかわりめあり

（第四条）

と親鸞は説く。「聖道」とは、自力を励まして難行苦行によって煩悩を断ち切り、この世で悟りを得ようとする聖者の道。「浄土」とは、阿弥陀仏の本願の力にもよおされて「なむあみだぶ（つ）」と念仏申して、浄土往生を遂げてから覚りを開くという凡夫の救いの道である。

「かわりめ」とは、従来から多く、「違い」「相違点」と解釈されてきた。しかし、ここにいわれる「かわりめ」とは、「変わり目」「変わっていく目」「転換点」ではないかと、廣瀬杲師は説かれた（初出、廣瀬杲『歎異抄講話』一、一九八三年、法蔵館）。

おもうがごとくたすけとぐること、きわめてありがたし

（同上）

いかに、いとおし不便とおもうとも、存知のごとくたすけがたければ、この慈悲始終なし

（同上）

という痛み悲しみにおいて転換がある。

また、「慈悲始終なし」は、人間が情として懐くこの慈悲は「一貫しない」と解釈されてきたが、これは漢文ならば「無始終」である。故に、「尽きることがない」ということではないかと私は思う（詳しくは、拙著『歎異抄講義』をご参照いただきたい。なお、『往生要集』に「猶如車輪無始終【猶お車輪の始終なきが如し】」との用例がある）。

凡夫の慈悲の情より出ずる尽きせぬ悲しみを、決して見捨てない大慈悲こそが念仏である。

それ故にこそ、親鸞は、

念仏もうすのみぞ、すえとおりたる大慈悲心にてそうろうべき（同上）

と言われたのではないか。慈悲の問題は、教理についての客観的・比較対照的な優劣論の範疇ではなく、あくまで親鸞自身の人生の歩みを貫く事柄だったに違いない。

ここに、第四条本文を掲げておきたい（この条については、機会をあらためて解説したいと思う）。

一、慈悲に聖道・浄土のかわりめあり。聖道の慈悲というは、ものをあわれみ、かなしみ、はぐくむなり。しかれども、おもうがごとくたすけとぐること、きわめてありがたし。浄土の慈悲というは、念仏して、いそぎ仏になりて、大慈大悲心をもって、おもうがごとく衆生を利

益するをいうべきなり。今生に、いかに、いとおし不便とおもうとも、存知のごとくたすけがたければ、この慈悲始終なし。しかれば、念仏もうすのみぞ、すえとおりたる大慈悲心にてそうろうべきと云々

（第四条）

●第五条　追善と念仏

親鸞は、亡き父母の親孝行の追善供養のためにといって、一度も念仏もうしたことがないという。それは何故だろうか。

親鸞によれば、まず第一に、亡き父母に限らず、一切の生きとし生けるものは、永き世をかけた迷いの中での父母兄弟である。それゆえ、まず自分自身が仏になって、どの人をも救うべきであるからである。第二には、念仏は阿弥陀仏の本願力の促しであって、わが力で励む善ではないからである。今日も、法事・仏事と言いながら、故人の追善供養のつもりで勤められてはいないか。その根底には、（厳しい見方をすれば）故人を、祟りをなすものとみなし、鬼神・死霊の祟りを恐れて除災招福を祈るエゴイズムの心がはたらいているのではないだろうか。

親鸞は、それを「自力」と言い切る。すなわち、

ただ自力をすてて、いそぎさとりをひらきなば、六道四生のあいだ、いずれの業苦にしずめりとも、神通方便をもって、まず有縁を度すべきなり

（第五条）

と結ばれた。自力とは、我執・エゴイズムのことである（詳しくは、本講座の第八講「追善供養と念仏」をご参照いただきたい）。

● 第六条　弟子一人ももたず

親鸞は、

親鸞は弟子一人ももたずそうろう　（第六条）

という。その理由を、念仏はひとえに「弥陀の御もよおしにあずかって」申すのであり、信心は「如来よりたまわりたる信心」であるからと示す。師弟平等、人間教育の原点である。

また、付くべき縁があれば伴い、離れるべき縁があれば離れるのが人間の関係であるのに、師に背いて他の人に付き随って念仏すれば往生はできない、などと言って人を束縛し所有化する。そのようなカルト的主張を厳しく戒めたのである。

ここに御同朋の精神躍如たるものがある。蓮如は、この「親鸞は弟子一人ももたず」をかかげて本願寺の精神とした（この問題は、本講座の第十一回「『歎異抄』はカルト宗教を否定する」に関説するので、ご参照いただきたい）。

●第七条　無碍の一道

「念仏は無碍の一道である」と親鸞は言い切る。「無碍道」とは、生死即涅槃の不二の法門である（『教行信証』「他力釈」）。これは、○×式でないものの見方・感じ方・考え方である。信心の行者に対しては、天神地祇も敬伏し、魔界の者も邪な教えも障碍することがない。罪悪も報いを結ばないし、もろもろの善も及ぶことがないと明確に語られる。

親鸞の教え子（門徒）は、この教えによって、除災招福や祟り除けの祈祷をしないし、御札も用いない。日の吉凶や方角の善悪をも気にしない。故に、「門徒もの知らず」と言われてきた。念仏は、吉凶禍福の惑いを離れて行く道である（この第七条については、本講座の第九講「無碍の一道とは何か」に詳述したい）。

●第八条　非行非善

なにごとかを修行すれば、善い結果があるに違いないと人びとは考えがちである。修行も善行も、よい結果を期待する下心がある。それを、「自力のはからい」という。しかし、念仏は、修行者にとって行でも善でもないと親鸞は教えられる。ただ、ひとえに「他力」、すなわち阿弥陀仏の本願のはたらきであり、手前勝手な我執（エゴイズム）、「自力」を離れているのである。

この教えは、打算取引的な功利的宗教心を正すものである。ここに、第八条本文をあげておきたい（この条については、あらためて別の機会に詳述させていただきたいと思う）。

一、念仏は行者のために、非行非善なり。わがはからいにて行ずるにあらざれば、非行という。わがはからいにてつくる善にもあらざれば、非善という。ひとえに他力にして、自力をはなれたるゆえに、行者のためには非行非善なりと云々

（第八条）

親鸞真筆六字名号（京都・西本願寺蔵）

●第九条　念仏と喜び

〈念仏を申しても、天地に踊(おど)りあがるような喜びが、あまりありません。また、はやく浄土へ参りたい心がありません。一体どうしたらよいのでしょうか〉

との、若き求道者・唯円の質問に、親鸞は、

〈親鸞もこの不審があったが、唯円房は同じ心だったのだな〉

と答えられた。師弟の分け隔てなく心を開いて語り合う。親鸞の人格的魅力が溢れる対話である。

さらに「よくよく案じみれば」と、親鸞は唯円と共に、心の内面をじっくりと考え見つめて行く。内観の姿勢である。そこに頷(うなず)かれるのは「煩悩具足の凡夫」という事実である。阿弥陀仏の本願は、このような「われら」のためであったのだと知られて、

いよいよたのもしくおぼゆるなり　（第九条）

と言われる。念仏申すことを喜べないからこそ、また、浄土に生まれたくないからこそ、そのような

「われら」のために阿弥陀仏は本願をおこされたと。真に驚くべき展開である。

「たのもしい」とは、信心の情の率直な表現で、「ほれぼれと」（第十六条）と並んで、『歎異抄』でなければ言われない言葉だ。真実信心に生きる人の明るさが感じられる。これが、「不断煩悩得涅槃（煩悩を断ぜずして涅槃を得る）」という具体的な生きざまであろう（この条については、本講座の第十講「『歎異抄』に見える親鸞の人間的魅力」に重ねて触れるので、ご参照いただきたい）。

●第十条「中序」異義の出どころ

『歎異抄』前半の「師訓篇」の結びであり、また後半の「歎異篇」の序が、この第十条である。冒頭に、

一、念仏には無義をもって義とす（第十条）

と言われる。「無義を義とする」とは、念仏においては、人間がはからって、これが義であるというような義はない。それは、「不可称・不可説・不可思議の故に」である。いかなる称讃や説明や思議も及ばない絶対他力である。

それなのに、その念仏の道理に対して、なお義を立てていこうとするのが「異義」である。

それを、

上人(しょうにん)（親鸞）のおおせにあらざる異義ども　（第十条）

という。それは、親鸞聖人の教え子の教え子（孫弟子）の世代において顕著になってきた。それらの異義を取り上げて、過ちを正し、真の信心に立ち返るようにと願って書かれるのが、後半の「歎異篇」である。

その姿勢は、老成した師が若き青年の過ちを歎きつつ、諭(さと)し導くような慈愛に満ちみちている。異端排撃でなく「歎異」、まさしく異なるを歎く心からの教えである。

第四講

『歎異抄』の内容——各条の要約（後編）

前回に引き続き、今回も、『歎異抄』の内容をダイジェストで見ていきたいと思う。今回は、『歎異抄』の後半である「歎異篇」と呼ばれる第十一条～第十八条と、「後序」、「承元の弾圧の記録」、「奥書」を見ていこう。

● 第十一条　誓願名号の異義

この条は、学識も教養もなく、素朴な心で念仏申している人々に対して、「汝は、弥陀の誓願と弥陀の名号と、どちらが大事だと思っているか」と問い、その意義を明らかに説明しないままで、人の心を惑わすという異義が取り上げられている。

これは、ただ単に教義の論争にとどまるものではない。人を脅して不安にし、グループに引きずり込んで判断力を奪い、生命・財産を巻き上げるという、いわゆるカルトの手口である。

唯円(ゆいえん)は、

この条、かえすがえすもこころをとどめて、おもいわくべきことなり　（第十一条）

〈このことはくれぐれも意(こころ)を留めて思い分けるべきである〉

と言って、誓願と名号の相即的(そうそく)一体性を述べて行く。

ここに明らかにされるのは、阿弥陀仏の誓願と名号は、深い迷いにあえぎつつ生きるわれらのためのものだったということであり、また、懇切に法の道理を説いて聞いてもらうことこそ、浄土真宗の態度であるということである。

歎異抄
竊廻愚案粗勘古今歎異先師
口伝之真信思有後学相続之疑
惑幸不依有縁知識者争得入
易行一門哉全以自見之覚語莫
乱他力之宗旨仍故親鸞聖人
御物語之趣所留耳底聊注之偏
為散同心行者之不審也云々
一弥陀ノ誓願不思議ニタスケラレ

蓮如筆『歎異抄』（西本願寺蔵）

●第十二条　不学難生の異義

第十二条は、経典やその注釈書を読み学ばないものは往生(おう)(じょう)は不確かである、と言って人を惑わす異義が取り上げられている。

学問は名誉欲（名(みょう)）と財欲（利(り)）のために、理論武装して他のものに勝とうとして（勝他）用いられがちだが、念仏の教えにおいては、そのようなものは真実の学問ではない。

学問とは、本願のむねの学びである。それは、自己を見つめ、人間を探求して、その尊厳性を自覚・覚他してあらゆる差別を許さない人となる道である。

このことは、現代の学問状況にも警鐘を発するものである。

●第十三条　怖畏罪悪の異義

この条には、弥陀の本願が悪人をも救う本願であるからといって、それに甘えて悪を懼れないものは、「本願ぼこり」といって、往生することができないものだという異義が取り上げられている。悪を戒めようとする意見で、倫理的・道徳的にも、宗教的にも、信仰の面でも、正しい主張のようであるが、自他の悪を懼れ、戒め、自力でもって煩悩不浄をなくして往生を得ようとすることは、阿弥陀仏の本願力を疑うことであり、自分の意志の力の限界性を知らないことだと唯円は指摘する。

ここに、宿業・業縁に左右されて存在する以外にない人間存在の洞察が示されている。親鸞の教えの中核をなす重要な人間観が語られているのである。

さればよきことも、あしきことも、業報にさしまかせて、ひとえに本願をたのみまいらす

（第十三条）

ということこそが、他力であるという。業の報いによって、いかなる振る舞いもせしめられるのだから、善悪を計らい分別することよりも、本願を信ずることであると。

消極的に見えて、実はこれこそ最も積極的な人生観を導き出すものである。

●第十四条　念仏滅罪の異義

この条は、滅罪のために念仏を申すべきだという異義が取り上げられている。

この考えによると、念仏しなければ、八十億劫の長き時をかけて償わなければならないほどの重罪が残り、その報いとして地獄に堕ちなければならないことになってしまう。そこで、それを避けるためには、臨終の瞬間まで休むことなく念仏しなければならない。しかし、それができる人は稀である。

したがって、念仏申しながら、ますます不安が増大することになる。その不安につけこむのが、カルト集団の手口である。

唯円は、親鸞の教えをうけて、滅罪の念仏ではなく、罪の自覚に基づく報恩行としての念仏の意義を示しているのである。

●第十五条　即身成仏の異義

この条には、肉体をもったままで覚り（悟り）を開くという異義が取り上げられている。これは、聖道門各宗派との対抗意識から、また、親鸞の教え子の中でも、弟子をとり合う心から出てきた異義であろう。

覚ったか否かは、覚った人でなければわからない。したがって、自分はすでに覚りを開いたものであるという者を、ほかの人は容易には否定できない。そこに、覚りを得たと自称する「教祖」が出てくる。

しかし、親鸞の教えはそうではない。覚ったふりをせず、凡夫に安んじて生きる道である。この条の結びに、

浄土真宗には、今生に本願を信じて、かの土にしてさとりをばひらくとならいそうろうぞ（第十五条）

とある。親鸞が、法然上人から習ったという教えである。

●第十六条　自然回心の異義

この条は、ふとしたことで（自然に）何ごとか悪いことをした場合は、必ず回心懺悔しなければならないという異義が取り上げられている。

先の第十四条と同様、罪をなくして浄土に往生すべしという考え方である。しかし、我々は煩悩具足の故に、いのちあらんかぎり悪を犯すものである。悪を悔い改めて、もう二度と悪いことはしないと言ったとしても、なかなか守り切ることができない。異義者の狙いはそこを突いて回心懺悔を強制し、償いを逼ることにあるのだろう。

しかし、懺悔滅罪を心がけるよりも大事なことがある。『和讃』に親鸞は、

真心徹到するひとは
金剛心なりければ
三品の懺悔するひとと
ひとしと宗師はのたまえり
（善導和讃）

と述べられている。罪を悔い改めようとすることよりも、凡夫の身のままに法を聞き、弥陀の本願を信じて念仏申すという、願力自然の道にしたがって行くことが大事ではないか。この条には、

往生には、かしこきおもいを具せずして、ただほれぼれと弥陀の御恩の深重なること、つねはおもいいだしまいらすべし。しかれば念仏ももうされそうろう
（第十六条）

とある。前回、「第九条　念仏と喜び」の節にも触れたが、信心について、「ただほれぼれと」とい

うのは『歎異抄』ならではの表現であり、浄土真宗の信心の本質を言い当てた言葉である。

●第十七条　辺地堕獄の異義

第十七条は、方便化土に往生する人は、ついには地獄行きであると主張する異義である。

真の信心の人は真実報土（真の浄土・覚りの世界）に往生する。疑いの心の残っている人は仮の浄土に生まれて、ついには地獄行きであるという言い方は、二者択一式で人に迫ってくる言い方である。信者を獲得しようとするカルト的野心から、このようなことを言うものが出てきたのだろう。

唯円は、方便化土とは、一切衆生を真の浄土に往生させるための方法・手立てであると示したのである。それこそ慈悲方便の浄土の教えである。

●第十八条　施量別報の異義

最後に取り上げられたのは、「施量別報（施しの量によって結果が違う）」という異義である。たくさん寄付すれば大きい仏になる。少ししか寄付しなければ小さい仏になると。異義者はそれ以上言わないにしても、何も寄付しなければ仏になれないということにもなるのではないか。

昔からある似非宗教の主張であるが、金銭が最大の関心事となっている現代日本人は、特に引っかかりやすいカルト宗教の問題であろう。弥陀の本願においては、老少善悪の分け隔てなく、

ただ信心を要とす

（第一条）


と教えられた親鸞の教え子の中に、このようなことを言い出す人が出てきた。

唯円は、この異義の出所を「世間の欲心」と言い切る。異義全体を総括して本質を指摘した真理の一言である。

●「後序」 信心の願い

「後序」は、上述の如く「前序」と「中序」に対応しての呼び方である。

その内容は、まずはじめに、「信心一異の諍論（法然上人と善信の信心とが同じであると、若き親鸞が言ったことに対する論難）」が挙げられ、信心の異なることは、

如来よりたまわりたる信心

（「後序」）


という道理に昏いことに由ることが示される。

つぎに、作者・唯円自身の老衰の身の心境として、自分が閉眼（逝去）した後に疑惑がある時は、親鸞聖人の御心にかなって用いられた聖教に順うようにとし、「大切の証文ども」を少々抜き出し

てこの書に添えたと述べられている。

そしてさらに、親鸞の仰せが二つ挙げられる。それは、弥陀の本願が、数知れない業をもった「親鸞一人のため」だったということと、「ただ念仏のみぞまこと」という仰せである。

これは、直接聞いた人でないと書けない文章である。しかも唯円にとっては、親鸞との出遇いの真実は生き生きとして、年数を経ても古くならないことを感じさせるものである。

その出遇いがない人が、議論に勝つために、世間の欲のために、親鸞の教えを枉げるのである。

唯円は、数少ない親鸞の遺弟として、一室の行者の中に信心が異なることがないようにと、歎きつつ、涙で『歎異抄』を書かれたのである。筆者の至情が沁みいる文章である。

●承元の弾圧の記録　愚禿の名のり

「後序」の後に、親鸞三十五歳の時の承元の弾圧の記録がある。

そこには、興福寺の僧侶の「敵奏（告発状）」があり、「無実の風聞」によって死罪・流罪に処せられた、法然上人はじめ門下の人々の名前が挙げられている。親鸞はその一人として、僧侶の名を奪われて俗名を与えられた。しかし、国僧でないし、俗でもないという自覚によって、「非僧非俗の故に禿を姓とする」として、「愚禿親鸞」と名乗られたことが記されている。

これは、親鸞の浄土真宗開顕の原点である。また、『歎異抄』を読む根本視点がここに示されていると思う。

この記録を一般には流罪記録と呼び、何のために付記せられたか明らかでないという解説もあるが、『教行信証』「後序」にも照らして、「後鳥羽院の御宇……」から愚禿親鸞の名乗りまでを含めて「承元の弾圧の記録」と呼んで、『歎異抄』を読む視点が示されていると領解したい。

●奥書　大事の聖教

そして最後に、『歎異抄』を書写した蓮如の奥書がある。

この書は「当流大事の聖教」であること。それ故に、「無宿善」すなわち、宿善なき者（信心を生ずるたねのない者）には思慮なく見せてはならないと記された。

一切衆生の平等の救いを本意とする真宗において、それは具体的には何なのか。その内実を深く考えなければならない。蓮如の時代は、まさしく戦国乱世であり、本願寺の人・物・金に目をつけて、さまざまな勢力が暗躍していたのである。この状況を抜きにして奥書の意義を考えてはならないと思うのである。

第五講

『歎異抄』に見られる親鸞の信仰と救い

『歎異抄』は、一つの教義体系を建立（こんりゅう）しようという本ではない。親鸞の遺弟・唯円（ゆいえん）が、心を同じくする行者のために、先師が直接教えてくれた真実の信心に異なることが無いようにと著（あらわ）された信心の書である。故に、親鸞の信仰と救いを探求するのに最適の書であるに違いない。

それでは『歎異抄』に見られる親鸞の信仰と救いは、いかなるものか。今回は、親鸞の信仰と救いの在りようを『歎異抄』に探りたいと思う。

●親鸞一人の自覚

親鸞の信仰と救いを最も端的に表すのは、『歎異抄』の「後序（ごじょ）」にある親鸞の「つねのおおせ」ではないだろうか。それは、

弥陀の五劫思惟の願をよくよく案ずれば、ひとえに親鸞一人がためなりけり。されば、それほどの業をもちける身にてありけるを、たすけんとおぼしめしたちける本願のかたじけなさよ

（後序）

という親鸞の述懐である。その意味は、やや言葉を補って口語で訳すれば、

〈阿弥陀仏が法蔵菩薩だった昔、五劫のあいだ思惟して、ただ念仏をもってすべての衆生を救おう、もしそれが出来なければ自分は仏にはならない、と誓われた念仏往生の本願のいわれを、よくよくわが身に引き当てて考えてみると、ただひとえに親鸞一人のためであったのだな。そうであるから、数知れない業をもった身（親鸞）であったのを、たすけようと思い立ってくださった本願がなんとかたじけないことか〉

ということであろう。作者・唯円は、「聖人のつねのおおせには」として、この言葉を挙げている。「つねのおおせ」というのだから、日常生活の中で、いつもこのように親鸞は胸の内を述べておられたというのである。このような言葉は、ほかの親鸞の著作には、なかなか見出されない。直接に聞いた唯円が、よくぞ書き留めてくれたものだと思う。

この言葉には、親鸞の信仰と救いの内面が、特徴的によく表されていると思う。その特徴とは、まず第一に、当事者感覚（主体的受け止め）である。第二には、自己自身についての内観の姿勢である。

そして第三には、罪業の身のままに弥陀の本願に出遇うという、痛みと感謝とともなる救いである。これが親鸞における救いの内実である。

●自分はどうなのか――「救われざる自覚」の救い

我われは、自分のことを棚に上げてあれこれと人の身の上のことを言いがちであるが、親鸞は、弥陀の本願を他人ごとではなく、自分自身のこととして受け止めている。

そもそも弥陀の本願・第十八の念仏往生の誓願は、「十方衆生」のために願われたものであって、決して特別な一人のためのものではないはずである。その願文は、

たとい我、仏を得んに、十方衆生、心を至し信楽してわが国に生まれんと欲うて乃至十念せん。若し生まれずば、正覚を取らじ。唯五逆と正法を誹謗せんをば除く（『大無量寿経』第十八願）

である。十方一切の衆生が、まごころ込めて信じねがって、わが国（極楽浄土）に生まれたいと欲して念仏するならば、必ずわが国に生まれさせよう、ただ五逆と正法を誹謗する者を除こう、という願いである。

本願の対象は十方衆生である。それにもかかわらず、なぜ「親鸞一人のためであった」と言われるのか。

それは、自分はどうなのかと自己自身をかえりみたところに見出される、「そくばくの業をもちける身」という実感があってのことである。「そくばくの業」とは、数知れない罪業のことであり、無量の苦悩を、衆生・われにもたらす根源である。そのような数知れぬ罪業がある限り、自力のいかなる方法・手立てをもってしても救われようがない自分自身である。

阿弥陀仏は、因位・法蔵菩薩の昔、五劫の思案を通して、ただ念仏を以て十方の衆生をひとりも漏らさずに救おうとの誓いを建てられた。そのひとりも漏らさないと誓われた誓願は、どのような修行によっても迷いを出ることのできない最後の一人にまで向けられたものである。それは、ほかの誰でもない。まさしく親鸞一人のためであったのだ、という肯きこそが信心の中身である。

親鸞は、無底の罪業の自覚において、弥陀の本願に出遇ったのである。救われざる親鸞一人をこそ救う大悲の誓願まします。この信心こそが救いであると窺うことができるのである。

●信心と摂取不捨

このことをさらに、『歎異抄』全体を総括する意義がある第一条に尋ねてみよう。この条は冒頭から、

> 一、弥陀の誓願不思議にたすけられまいらせて、往生をばとぐるなりと信じて、念仏もうさんとおもいたつこころのおこるとき、すなわち摂取不捨の利益にあずけしめたもうなり（第一条）

と、親鸞における信と救いが示されている。

ここでは、信は、阿弥陀仏の誓願不思議にたすけられて往生を遂げるのであると信ずるということである。たすけられて、ということが救いだが、それは「往生」を遂げるということであり、また、「摂取不捨の利益」にあずかることである。

「往生」とは、一般に、死んで極楽浄土に往き生まれることだと思われがちである。しかし、「遂げる」という言葉に留意すれば、往生を果たし遂げることであるから、往生を果たし遂げるまでは、現在進行形的に往生の歩みがあるはずである。その歩みを保証するのが、「摂取不捨の利益」である。これを、摂護不捨とも言う。

「摂護不捨」ともうすは、「摂」は、おさめとるという、「護」は、ところをへだてず、ときをわかず、ひとをきらわず、信心ある人をば、ひまなくまもりたもうとなり。まもるというは、異学異見のともがらにやぶられず、別解別行のものにさえられず、天魔波旬におかされず、悪鬼悪神なやますことなしとなり。「不捨」というは、信心のひとを智慧光仏の御こころにおさめまもりて、心光のうちに、ときとしてすてたまわずと、しらしめんともうす御のりなり

（親鸞『一念多念文意』、適宜現代仮名遣いに直した）

阿弥陀仏の心の光に摂め取られて捨てられない故に、いかなる障碍からも護られ、天魔も悪鬼・

悪神も、その人を悩ますことができないのだと親鸞は解説されている。

信ずるその時から即座に、摂取不捨という利益をうけるのである。日常の生活が阿弥陀仏の摂取不捨の心光の中に営まれ、現在進行形的に往生道の歩みが行われるのである。その点において、信心と救いが現在の生において同時一体であるということが親鸞の特徴である。

●現生の救い

また、右の冒頭の文に続いて、

弥陀の本願には老少善悪のひとをえらばれず。ただ信心を要(よう)とするとするべし　（第一条）

と語られている。弥陀の本願においては、老いも若きも善人も悪人も分け隔(へだ)てされることが無い。ただ信心だけが要である（「唯信為要(ゆいしんいよう)」）。人間を差別しない弥陀の本願であるから、その本願を信ずることにおいて、地位や名誉やお金や頭の良しあし、という物差しで人を分け隔てすることのない、平等な人間関係に生きるものとなるのである。

さらに、

そのゆえは、罪悪深重(じんじゅう)・煩悩熾盛(しじょう)の衆生をたすけんがための願にまします　（第一条）

と、信心を要とすることの理由を述べられる。つまり罪悪や煩悩の自覚（機の深信）が、弥陀の本願を信ずること（法の深信）の契機である。そして、

しかれば本願を信ぜんには、他の善も要にあらず。念仏にまさるべき善なきゆえに。悪をもおそるべからず。弥陀の本願をさまたぐるほどの悪なきゆえにと云々　（第一条）

と親鸞は結ばれる。本願を信ずることにおいて、「罪悪深重・煩悩熾盛の衆生」が、他の善も求めず悪をも懼れないという、いきいきとした生き方を実現する。これは、具体的な日々の生活において、除災招福に惑わされないということだ。

これを現生不退（転）・現生正定聚の心境という。「現生」とは、死後・来世ではなく、いまの一生のことであり、「不退（転）」とは動かないことではなく、仏の覚りに向かって進むことだ。また、「正定聚」とは仏の覚りを得ることが正しく定まり、それに向かって歩む人々である。

信じた後でいつかは救われるということではなく、信ずること自体が摂取不捨の救いである。現生の信心において往生浄土のあゆみが始まるのである。

親鸞の像（茨城・信願寺）

●念仏して地獄に堕ちたりとも

次の第二条は、身命を顧みずに、はるばる関東から訪ねてきた人々に向かっての親鸞の言葉である。その人々は、念仏以外に往生の道があるのではないか、また、その法門を知っていながら親鸞は内緒にしているのではないか。どうか本当のことを教えてもらいたい、と問うた。

それに親鸞は答える。そこに親鸞の信仰と救いが極めて大胆に示されているのである。そのような思いは、「おおきなるあやまり」（第二条）である。そういうことは「奈良や比叡山にご立派な学者先生がおられるから、その人にお会いして往生の要を聞かれるがよろしい」と。そして、

親鸞におきては、ただ念仏して、弥陀にたすけられまいらすべしと、よきひとのおおせをかぶりて、信ずるほかに別の子細なきなり（第二条）

と言い切られるのである。信仰は「よきひと」との出遇いであり、打算や物識りになることではない。

念仏は、まことに浄土にうまるるたねにてやはんべらん、また、地獄におつべき業にてやはんべるらん。総じてもって存知せざるなり。たとい、法然聖人にすかされまいらせて、念仏して地獄におちたりとも、さらに後悔すべからずそうろう（第二条）

とまで言われているのである。「存知」でなく「信知」、功利的打算的信心ではなく、「ただ念仏」である。ここに、「地獄におちたりとも」などと言われるのは、「ただ念仏して弥陀にたすけられまいらすべし」ということと矛盾するのではないか、との疑問が出される。しかし、「たすけられる」とは、極楽往生を期待することではない。結果として地獄に堕ちたとしても、現在念仏申すということ自体が救いであるということだ。これは、ちょうど、

仮令身止　諸苦毒中　我行精進　忍終不悔

たとい身はもろもろの苦毒の中に止るとも、我が行は精進にして忍びて終に悔いじ

（『大無量寿経』歎仏偈）

という、阿弥陀仏の因位・法蔵菩薩の求道心（法蔵魂）に応ずるものである。

さらに親鸞は、念仏して地獄におちても後悔しない理由を、

いずれの行もおよびがたき身なれば、とても地獄は一定すみかぞかし

（第二条）

といわれる。「いずれの行もおよびがたき身」とは、身に煩悩・我執を具足している故である。これ

によって、地獄はもともと自分にとって決定的すみかである、と親鸞は言われるのである。
しかし、それに止まらない。地獄一定の身だからこそ弥陀の本願がかけられているのである。これが、弥陀の本願から釈尊の説教・善導の御釈・法然の仰せ、そして「親鸞がもうすむね」という本願の歴史伝統である。親鸞は言う、

弥陀の本願まことにおわしまさば、釈尊の説教、虚言なるべからず。仏説まことにおわしまさば、善導の御釈、虚言したもうべからず。善導の御釈まことならば、法然のおおせそらごとならんや。法然のおおせまことならば、親鸞がもうすむね、またもって、むなしかるべからずそうろうか

（第二条）

と。上を承けて親鸞は、

愚身の信心におきてはかくのごとし

（第二条）

と言う。この信心とは、弥陀の本願や念仏や師・法然を信ずるだけではない。「いずれの行も及びがたき身」、「地獄は一定すみかぞかし」という自身のうなずきこそが信心なのである。このことは、第三条「悪人正機」に特に顕著である。これについては、次回（本講座第六講「『歎異抄』と悪人正機」）に詳しく尋ねよう。

●如来よりたまわりたる信心

『歎異抄』第二条は、

このうえは、念仏をとりて信じたてまつらんとも、またすてんとも、面々の御はからいなり（第二条）

という親鸞の言葉で結ばれる。これは、「勝手にしろ」と人々を切り捨てた言葉ではない。ゆっくりと朗読すれば、決して人々を切り捨てた言葉ではないことが味わわれる。

人ひとりを仏法の器として尊重し、各自が如来より真実の信心をたまわるのである、というのが親鸞の信念である。

このことは、『歎異抄』第六条にも窺われる。そこでは、

親鸞は弟子一人もももたずそうろう（第六条）

と言われ、続いて、

弥陀の御もよおしにあずかって、念仏もうしそうろうひとを、わが弟子ともうすこと、きわめたる荒涼のことなり（第六条）

と言う。念仏申すことは、いま弥陀のはたらきを受けているということである。また、

如来よりたまわりたる信心を、わがものがおに、とりかえさんともうすにや。かえすがえすもあるべからざることなり（第六条）

と。信心も如来からのお与えであるという。これはもと、法然の、

源空が信心も、如来よりたまわりたる信心なり。善信房の信心も如来よりたまわらせたまいたる信心なり。されば、ただひとつなり。別の信心にておわしまさんひとは、源空がまいらんずる浄土へは、よもまいらせたまいそうらわじ（『歎異抄』「後序」信心一異の諍論）

との言葉によるものである。信において阿弥陀如来からの回向（はたらきかけ）を感ずるという救いである。

そもそも、罪業の身の自覚など、自己正当化ばかりする我われに簡単にできることであろうか。更には、罪業の身なればこそ弥陀の本願によって救われるということなど、功利的因果論に括られた

現代人の常識にとっては受け入れ難いこと、破天荒なことはではないか。だからこそ、この自覚は、「如来よりたまわりたる信心」でなければならないのである。

信心が「如来よりたまわりたる信心」であるならば、救いもまた、如来よりたまわりたる救いである。親鸞においては、信心と救いとは同一であるからだ。

第六講

『歎異抄』と悪人正機

●「悪人正機」とは何か

前回（本講座第五講）のテーマは、「『歎異抄』に見られる親鸞の信仰と救い」だった。親鸞の信心の態度には、

①教えを自分自身のこととして受け止める
②自分はどうなのか、と自分自身を顧みる
③罪業の身のままに弥陀の本願に出遇う

という特徴がある。だからこそ、感謝・報恩の情が躍動する。これを加えれば、四つの特徴だ。

罪悪・煩悩の自覚（機の深信）が、弥陀の本願を信ずること（法の深信）の契機であるという信心――これを二種深信という――が、親鸞の信心である。

この信心は、「いずれの行も及びがたき身」、「地獄は一定すみかぞかし」という信の自覚においてこそ成り立つ。このことは、第三条「悪人正機」に、特に顕著である。

そこで今回は、『歎異抄』で最も話題にされる第三条を読み込み、「悪人正機」の思想について掘り下げてたずねてみたい。

「悪人正機」とは、悪人がまさ（正）しく阿弥陀仏による救いの対象・相手（機）であるということである。この場合、どのようなものを悪人と言うのだろうか。また、なぜ、悪人が正機なのか。そして、どのようにして悪人は救い（往生を遂げること）を得るのだろうか。これらのことを考えたい。

●『歎異抄』第三条

まずは、『歎異抄』第三条本文を挙げてみよう（現代仮名遣いを用い、適宜改行する）。

【第三条　本文】

一、善人なおもって往生をとぐ、いわんや悪人をや。

しかるを、世のひとつねにいわく、悪人なお往生す、いかにいわんや善人をや。この条、一旦そのいわれあるににたれども、本願他力の意趣にそむけり。そのゆえは、自力作善のひとは、ひとえに他力をたのむこころかけたるあいだ、弥陀の本願にあらず。しかれども、自力のこころをひるがえして、他力をたのみたてまつれば、真実報土の往生をとぐるなり。

煩悩具足のわれらは、いずれの行にても、生死をはなるることあるべからざるをあわれみたまいて、願をおこしたもう本意、悪人成仏のためなれば、他力をたのみたてまつる悪人、もっとも往生の正因なり。

よって善人だにこそ往生すれ、まして悪人はと、おおせそうらいき。

（第三条）

この条は、よく知られており、諳んじる人も多いが、初めてふれる人のために、やや言葉を補いつつ、試みに口語訳を挙げておきたい。

【第三条　口語訳】

一、善人でさえ（極楽浄土への）往生を遂げる、まして悪人はなおさらである。

それなのに、世のひとはつねに次のように言う。悪人でさえ往生する。まして、善人はなおさらである。このことは、一応その道理があるようだが、（阿弥陀仏の）本願他力の意趣にそむいている。

その理由は、自力で善を作すひとは、ひとえに他力をたのむ心が欠けているから、弥陀の本願ではない。しかしながら、自力の心をひるがえして、他力をたのみたてまつれば、真実報土（真の浄土）への往生を遂げるのである。

煩悩具足のわれらは、いずれの行によっても生死（循環する迷い・輪廻）を離れることがないことを、（阿弥陀仏が）あわれんで願をおこしてくださった本意は、悪人が成仏するためであるから、他力をたのみたてまつる悪人がもっとも（第一の）往生の正しき因である。

よって善人でさえ往生する、まして悪人はなおさらであると、（親鸞聖人は）仰せられました。

●歎きへの応答

冒頭の「善人なおもって往生をとぐ、いわんや悪人をや」という言葉はあまりにも有名である。有名ではあるが、誤解している人もずいぶん多いのではないか。

なぜ、善人よりも悪人の方が往生しやすいのか。逆に、悪人よりも善人が往生しやすいのではないか。世の中の倫理観、道徳観に反する、あまりにも非常識かつ反社会的発言ではないかという批判もある。

当時、初めて親鸞から直接にこの言葉を聞いた人も、驚き、眼を見張って親鸞の顔を見つめ、そのあとの言葉に耳をそばだてたのではないだろうか。

そもそも、この言葉は、どのような状況で発せられたのであろうか。どのような場所で、どれくらいの人が聞いていたのだろう。

「弥陀の五劫思惟の願をよくよく案ずれば、ひとえに親鸞一人がためなりけり……」（『歎異抄』後序）という述懐のように独り言で語られたのではあるまい。唯円の外に誰もいない中で親鸞が言われたのではないだろう。しかし、また、路地大道をはばからず不特定多数の人々に向かって大声で叫ぶように語られたものでもないだろう。

おそらくは、四・五人、多くても十人に満たない人々の前だったのではないか。少人数の、心を許し合った聞法者（仏法を聞く者）同士が集うて、親鸞の法話を聞いた後に語り合う座談の席上、善悪の業（おこない）と浄土往生のことが話題になり、聴衆の一人から出された問いに応答する形で、親鸞が答えられたのではないか。たとえば、

> まず、身を慎み、言葉を正しくし、心を調えて、その上で、弥陀の本願を信じて念仏申してこそ浄土往生を得るべきでしょうけれど、なかなかそのようにはいきません。私は、煩悩だらけで、善をなすことが出来ないのです。結局、このような罪業だらけの私では、浄土往生はかなわないのでしょうか

という問いを受けて、

善人なおもって往生をとぐ、いわんや悪人をや　（第三条）

と親鸞は答えられたのではないか。わたしは、そのように想像をたくましくしてみる。とともかく、この言葉は、世間一般の常識とはまったく異なっている。しかし、親鸞も、世間一般の考えは十分承知していたにちがいない。それは、「しかるを、世のひとつねにいわく、悪人なお往生す、いかにいわんや善人をや」とあることから分かる。

そして「この条、一旦そのいわれあるににたれども、本願他力の意趣にそむけり」と言われた。「この条」とは、右の「世のひと」がいつも言っていることである。それが、「本願他力の意趣」にそむいていると親鸞は言われる。つまり、「本願他力の意趣」を基準にして親鸞は言われたのである。

●悪人とは何か

ここで問題になるのは、「善人」と「悪人」とは何かということである。ふだん我われは、よく考えもせずに、それは善い／悪い、あの人は善い人／悪い人だと、さも分かったかのように、また、当たり前のことであるかのように話をするが、本当に善と悪、善人と悪人ということを分かっているのだろうか。

善とは何か、悪とは何かという問題は、道徳・倫理・法律・政治・経済・宗教などの各分野において、考え方は一律でない。また、快／不快や、役に立つ／役に立たないによって、善悪を言う場合がある。さらに、人によって、状況によって、たとえば平和な時と戦争状態とで、善悪の考え方は違う。「善悪の二つ、総じてもって存知せざるなり」（『歎異抄』後序）、その故は、如来ほどに善悪を知り徹してはいないからだと親鸞は言われた。善悪を判断することは、簡単にできることではないのではないか。それなのに、なぜ、「善人なおもって往生をとぐ、いわんや悪人をや」と言えたのか。

　それは、現に悩む人がいたからであろう。悩む人がいるからこそ、救いが明確に示されなければならない。それが、大乗仏教の誓願である。すでに第一条には、「罪悪深重・煩悩熾盛の衆生をたすけんがための願」と述べられていた。その願を「親鸞一人がためなりけり」と受けとめた親鸞の心情の発露が、「善人なおもって往生をとぐ、いわんや悪人をや」ではないか。

　ここでいう「善人」と「悪人」とは何か。言葉の意味は、辞書が決めるのではない。その言葉が置かれた文脈が決めるものである。本文をたどれば、「善人」とは、「自力作善のひと」である。「自力作善」の「自力」とは、ただ自分の力ということではない。我執（エゴイズム）の「はからい」のことである。

自力というは、わがみをたのみ、わがこころをたのむ。わがちからをはげみ、わがさまざまの善根をたのむひとなり

（親鸞『一念多念文意』）

と、親鸞は自力を定義づけている。したがって、「自力作善のひと」とは、他力（我執を離れた阿弥陀仏の本願の力）を信ぜずに、自分の意志で善を作す人（または、善を作すことができると思っている人）のことである。しかし、善をなすことができるのは、宿善のもよおしである。自分のおもいで善をなすことができるとは、甚だひどい思い上がりではないか。

逆に、「悪人」とは「煩悩具足のわれら」である。「煩悩具足のわれら」とは、煩悩を欠けることなく具えている「われら」であり、親鸞もその中に含まれている。

凡夫は、すなわち、われらなり　（『一念多念文意』）

凡夫というは、無明煩悩われらがみにみちみちて、欲もおおく、いかり、はらだち、そねみ、ねたむこころおおく、ひまなくして臨終の一念にいたるまでとどまらず、きえず、たえずと、水火二河のたとえにあらわれたり　（『一念多念文意』）

凡夫はもとより煩悩具足したるゆえに、わるきものとおもうべし　（親鸞の書簡集『血脈文集』第一通）

と親鸞は述べている。悪いことをするから悪人だと思われがちであるが、親鸞はそうではなく、煩悩具足であるということにおいて「悪人」と言われているのである。

すなわち、冒頭の、「善人なおもって往生をとぐ、いわんや悪人をや」という言葉は、「自力作善の人（善人）でさえ往生をとげる。まして、煩悩具足のわれら（悪人）はなおさらである」ということになる。

●なぜ、悪人が正機なのか

その理由は何か。親鸞は、弥陀の本願の本意をたずねている。

煩悩具足のわれらは、いずれの行にても、生死をはなるることあるべからざるをあわれみたまいて、願をおこしたもう本意、悪人成仏のためなれば、他力をたのみたてまつる悪人、もっとも往生の正因なり　（第三条）

と。どのような修行によっても生死輪廻の迷いを離れることができない「煩悩具足のわれら」をあわれんで、阿弥陀仏は願いをおこされた。その本意は「悪人成仏のため」、つまり煩悩具足のわれらを成仏させるためである。仏の願いの正しく対象・相手であるものを正機と言う。弥陀の本願の対象は「煩悩具足のわれら」即ち「悪人」である。ゆえに、「悪人正機」と言われるようになったのである。

前回（本講座第五講）にも挙げた、ただ念仏を以て十方衆生をもれなく救おうと誓われた第十八の念仏往生の誓願、すなわち本願文にも、また本願の成就を示す成就文にも、末尾に、「ただ五逆と正法を誹謗するを除く（唯除五逆誹謗正法）」という言葉がある。それは何故か。

多くの人は、本願の除外例と見た。しかし親鸞は、その意義を、

> **唯除というは、ただのぞくということばなり。五逆のつみびとをきらい、誹謗のおもきとがをしらせんとなり。このふたつのつみのおもきことをしめして、十方一切の衆生みなもれず往生すべし、としらせんとなり**
>
> （『尊号真像銘文』）

と示される。つまり「ただのぞく（唯除）」とは、排除するのではなく、五逆と謗法の罪の重きことを示して、「十方一切の衆生皆もれず往生すべし」と知らせるためである。五逆・謗法の罪の重さの自覚が重要であるということだ。だからこそ、五逆・謗法を漏らすことがない仏の大悲であることが窺われる。その心をさらに探れば、『教行信証』「信巻」に引かれた『涅槃経』の文に行き当たる。

> **たとえば一人して七子あらん。この七子の中に、病に遇えば、父母の心平等ならざるにあらざれども、しかるに病子において心すなわち偏に重きがごとし。大王、如来もまた爾なり。もろもろの衆生において平等ならざるにあらざれども、しかるに罪者において心すなわち偏に重し**
>
> （『教行信証』「信巻」、『涅槃経』梵行品）

子供達に対する心は平等でないわけがないけれども、特に病気の子供を重く思う親のように、如来もまた同じく、諸々（もろもろ）の衆生に対する心は平等だが、罪ある者に向かっては心ひとえに重しという。これが、「悪人」すなわち「煩悩具足のわれら」を「正機」とする本願の本意である。

●悪人はどのようにして往生を遂げうるか

では、われわれは如何（いか）にして往生を遂げることを得るのか。それは「他力をたのみたてまつる」ことだけである。「たのむ」とは、深く信じ順（したが）う、帰命（きみょう）することである。

また、第一条には、

弥陀の本願には老少善悪のひとをえらばれず。ただ信心を要とすとしるべし　（第一条）

と、述べられている。

「ただ信心を要とす」という、その中身は、弥陀の本願との出遇いにおいて煩悩具足の身の自覚に立ち、それ故にこそ、弥陀の本願に帰命・乗托（じょうたく）して生きるものになるということである。

その人生が往生の歩みであり、その完成が、往生を遂げるということだ。

第七講 『歎異抄』と「他力」の教え

●自力をすてて他力をたのむ

前回（本講座第六講）は、『歎異抄』の「悪人正機説」についてたずねた。『歎異抄』第三条に、「善人なおもって往生をとぐ、いわんや悪人をや」と親鸞の言われる「悪人」とは、「煩悩具足のわれら」のことである。弥陀の本願は、煩悩具足の衆生のために建てられた。だから、悪人こそが弥陀の本願の正機（正しき相手）である。これに対して、「善人」とは「自力作善の人」であり、

> 自力作善のひとは、ひとえに他力をたのむこころかけたるあいだ、弥陀の本願にあらず。しかれども、自力のこころをひるがえして、他力をたのみたてまつれば、真実報土の往生をとぐるなり
> （第三条）

と示されている。自力作善の善人は、「自力の心をひるがえして他力をたのむ」ことによって「真実報土（真実の誓願が報われた浄土・無量光明土）」への往生を遂げるというのである。

第三条ばかりではない。『歎異抄』には幾度か、自力を否定する言葉が出てくる。「ただ自力をすてて、いそぎさとりをひらきなば」（第五条）とか、念仏は「ひとえに他力にして、自力をはなれたるゆえに」（第八条）と親鸞は語られる。

また、筆者・唯円も、「つみを滅せんとおもわんは、自力のこころにして、臨終正念といのるひとの本意なれば、他力の信心なきにてそうろうなり」（第十四条）と述べている。このように、自力を否定して、他力が勧められているのである。

今日、一般には、自力は自分の努力、他力は他人の力をあてにすることだと思う人が多い。自力は良いこと、きちんとしていること。他力は駄目なこと、だらしがないことであると見なされがちではないか。それなのに、なぜ『歎異抄』には自力が否定され、他力が勧められるのか、との疑問の声も聞く。

このような状況を承けて、今回は、「自力」と「他力」とは何か。「自力の心をひるがえして他力をたのむ」ことは、どうしてできるのか。そして、他力による生き方とはどのようなものなのかを考えてみたい。

●自力とは

自力について、親鸞は自身の著作の中で、次のように解説している。

> **自力というは、わがみをたのみ、わがこころをたのむ、わがちからをはげみ、わがさまざまの善根をたのむひとなり**
>
> （『一念多念文意』）

と。「わが」、「わが」と繰り返し示される。「たのむ」とは、頼りにし、あてにし、誇ることだ。自分の身をたのみ、自分の心がけをたのみ、自分の力をため込んで強くし、自分のさまざまな善根（幸せをもたらすであろう善い行い）をたのむ人の在り方が自力だというのである。自力とは我執である。また、親鸞は、こうも解説されている。

> **自力のこころをすつというは、ようよう、さまざまの大小聖人、善悪凡夫の、みずからが身をよしとおもうこころをすて、みをたのまず、あしきこころをさかしくかえりみず。また、ひとをあしよしとおもうこころをすてて……**
>
> （『唯信鈔文意』流布本）

と。これは、自力の心を捨てるということについての叙述である。大乗・小乗の聖者や善凡夫・悪凡夫、つまりすべての人が、自分を善いと思う心を捨て、自分の身をたのまず、悪い心を殊勝げに反省しない。また、他人を悪い／良いと思う心を捨てる、と述べられている。つまり、「自分をよいと思う心」、「自分の身をたのむ心」、「自分の悪い心を殊勝げに反省する心」、「他人を悪い／善いと思う心」が、自力の心であるといわれているのである。

これによってわかるのは、自力とは、世間一般に言われている自分の努力ということではなく、自我の思いである。つまり、我執のことであり、エゴイズムのはからいである。

我執を戒めることは仏教において基本のことであるから、自力を否定することは、仏教として当然のことであり、何ら特殊なことではない。

これに対して他力とは何であろうか。

●他力とは

親鸞は、『教行信証』に、

他力というは、如来の本願力なり

（『教行信証』「行巻」他力釈）

と明確に言い切っている。また『歎異抄』にも、親鸞は、

他力の悲願は、かくのごとし。われらがためなりけりとしられて、いよいよたのもしくおぼゆるなり　（第九条）

と言われている。念仏申しても喜ぶ心がおろそか（まばら）である煩悩具足の凡夫の苦悩に同感する弥陀の願いを、「他力の悲願」と呼んでいるのである。

さらには、唯円も、『歎異抄』後半の「歎異篇」において、

わがはからわざるを、自然と申すなり。これすなわち、他力にてまします　（第十六条）

と述べている。人間のはからいでなく、阿弥陀如来のはからいを「自然」といい、「他力」という、と。

これは唯円の独自の領解ではなく、実は、親鸞の教えによってのことだ。すなわち、法語（『末燈鈔』）に親鸞の教えが、次のように記録されている。

自然というは、自はおのずからという。行者のはからいにあらず、しからしむということばなり。然というはしからしむということば、行者のはからいにあらず、如来のちかいにてあるがゆ

えに。…（中略）…このゆえに、他力には義なきを義とすとしるべしとなり。

自然というは、もとよりしからしむということばなり。弥陀仏の御誓いの、もとより行者のはからいにあらずして、南無阿弥陀仏とたのませたまいて、むかえんとはからわせたまいたるによりて、行者の善からんとも悪しからんとも思わぬを、自然とは申すぞと聞きて候う

（『末燈鈔』第五通。仮名書きを適宜、漢字表記に直した）

と。「自然」とは、行者のはからいではなく、阿弥陀仏の御はからいであり、御誓いである故に「他力」である。さらに、親鸞は、

他力と申し候うは、とかくのはからいなきを申し候うなり

（『末燈鈔』第十通）

とまで記された。この教えを唯円は受けているのである。

他力とは、阿弥陀如来のはからいであり、その本願のはたらきである。決して自分は怠けて他人の力をあてにするという意味ではない。

親鸞は、以上の意味で、「自力をすてて他力をたのむ」ということを勧めているのである。しかし、それは人間に可能なのであろうか。

●回心

我われは、ふだんから自分を正当化し、自分の健康を誇り、自分の意志を頼りとしている。また、自分の気力・体力・学力を自慢し、自分がなした善を誇る。また、自分の悪い心を利口ぶって反省・卑下し、他人の善悪を批評して生きている。グラス一つでも、自分が壊した場合は「グラスがこわれた」と言い、他人の場合には「壊した」と言う。人や物事の善悪を言う基準は、あくまで自分の都合である。それが自力だ。

だから、自力に克つために修行しなければならないと言われたり、自らそう思って修行したとしても、だいたいは長く続かない。たまたま修行できた場合には、それをまた自慢の種にしてしまう。どこまでも自力を捨てることができない。それなのに、自力を捨てて他力に帰することは本当にできるのか。

それこそが回心の問題である。親鸞は、

回心というは、自力の心をひるがえし、すつるをいうなり

（『唯信鈔文意』）

と言う。唯円は、

日ごろ本願他力真宗をしらざるひと、弥陀の智慧をたまわりて、日ごろのこころにては往生かなうべからずとおもいて、もとのこころをひきかえて、本願をたのみまいらするをこそ、廻心とはもうしそうらえ
（第十六条）

と述べている。そのような事態こそが、まさしく「出遇い」である。

出遇い

その「出遇い」は、『歎異抄』第二条に明示されている。

親鸞におきては、ただ念仏して、弥陀にたすけられまいらすべしと、よきひとのおおせをかぶりて、信ずるほかに別の子細なきなり
（第二条）

と、親鸞は言い切る。さらに、

念仏は、まことに浄土にうまるるたねにてやはんべらん、また、地獄におつべき業にてやはんべるらん。総じてもって存知せざるなり。たとい、法然聖人にすかされまいらせて、念仏して地獄におちたりとも、さらに後悔すべからずそうろう
（第二条）

と言われる。「よきひと」、法然聖人との出遇いの外に、念仏申す理由はない。たとえ地獄に堕ちたとしても、「ただ念仏」に悔いはない。

> **そのゆえは、自余の行もはげみて、仏になるべかりける身が、念仏をもうして、地獄にもおちてそうらわばこそ、すかされたてまつりてという後悔もそうらわめ。いずれの行もおよびがたき身なれば、とても地獄は一定すみかぞかし**
> （第二条）

と吐露する。もともと、どのような修行も及び難い身、地獄一定の身であったのだ。だからこそ、弥陀の本願、釈尊の教え、善導・法然の教えに出遇ったのである。これを、

> **弥陀の本願まことにおわしまさば、釈尊の説教、虚言なるべからず。仏説まことにおわしまさば、善導の御釈、虚言したもうべからず。善導の御釈まことならば、法然のおおせそらごとならんや。法然のおおせまことならば、親鸞がもうすむね、またもって、むなしかるべからずそうろうか**
> （第二条）

と述べて、

詮ずるところ、愚身の信心におきてはかくのごとし。このうえは、念仏をとりて信じたてまつらんとも、またすてんとも、面々の御はからいなり（第二条）

と言葉を結んだ。これは、この親鸞が語るのを聞いている「面々（教え子たち）」を「勝手にしろ」と突き放したり、切り捨てたりする言葉ではない。あくまで、一人ひとりを尊重して言われているのである。念仏を信じるも捨てるも、それは「面々の御はからいなり（各自各自の御判断ですよ）」ということなのである。

「出遇い」とは、よきひと（善知識）との出遇いであり、よきひとの仰せ「ただ念仏」との出遇いである。同時にそれは、自己自身（いずれの行もおよびがたき身）との出遇いであり、地獄一定の身をこそ救おうとする本願との出遇いである。さらには、本願の歴史との出遇いであり、御同朋との出遇いであるということが窺われるのである。それら全体が、他力との出遇いである。

自力で自力を捨てることはできない。ただ、他力との出遇いによってのみ、自力はすたって行く。その歩みが、他力的生き方である。

●『歎異抄』に見る、他力による生き方

『歎異抄』に見る他力による生き方は、聞法と「ただ念仏」の歩みに尽きる。では、その内面的心境はどのようなものだろうか。『歎異抄』第九条に、

仏かねてしろしめして、煩悩具足の凡夫とおおせられたることなれば、他力の悲願は、かくのごとし。われらがためなりけりとしられて、いよいよたのもしくおぼゆるなり　（第九条）

と親鸞は言われている。「いよいよたのもしくおぼゆるなり（ますますたのもしく感じられるのである）」と。『歎異抄』ならではの表現だ。

さらに、後半の歎異篇は、唯円の言葉であるが、

さればよきことも、あしきことも、業報にさしまかせて、ひとえに本願をたのみまいらすればこそ、他力にてはそうらえ　（第十三条）

とある。業の報いが自分にとって善かろうと悪かろうと、それは業の報いに任せて、自分は本願をたのむ（帰命する）だけであるというのである。

また、日ごろ念仏申すのは、報恩の心からであるという。

この悲願ましまさずば、かかるあさましき罪人、いかでか生死を解脱すべきとおもいて、一生のあいだもうすところの念仏は、みなことごとく、如来大悲の恩を報じ徳を謝すとおもうべきなり
（第十四条）

と示され、さらに、臨終まぎわに念仏申すことができる場合には、

ただいまさとりをひらかんずる期のちかづくにしたがいても、いよいよ弥陀をたのみ、御恩を報じたてまつるにてこそそうらわめ　（第十四条）

と言うのである。また、

信心さだまりなば、往生は、弥陀にはからわれまいらせてすることなれば、わがはからいなるべからず。わろからんにつけても、いよいよ願力をあおぎまいらせば、自然のことわりにて、柔和忍辱のこころもいでくべし。すべてよろずのことにつけて、往生には、かしこきおもいを具せずして、ただほれぼれと弥陀の御恩の深重なること、つねはおもいいだしまいらすべし。しかれば念仏ももうされそうろう　（第十六条）

と。弥陀の本願の御恩の深く重きことを「ただほれぼれと」思い出す。そうすれば自ずから念仏申すこともできるというのである。「ほれぼれと」こそは、他力信心の生活の心情を表す、『歎異抄』の外にはない言葉だ。

第八講

追善供養と念仏

前回（本講座第七講）は、「『歎異抄』と他力の教え」をテーマとして、自力の否定と他力的生き方についてたずねた。

今回はさらに、「ただ自力をすてて、いそぎさとりをひらきなば……」と示された『歎異抄』第五条によって、追善供養と念仏の問題を考えたい。

●父母の孝養・追善供養

まず、第五条本文を挙げよう。

一、親鸞は父母の孝養のためとて、一返にても念仏もうしたること、いまだそうらわず。そのゆえは、一切の有情は、みなもって世々生々の父母兄弟なり。いずれもいずれも、こ

の順次生に仏になりて、たすけそうろうべきなり。
わがちからにてはげむ善にてもそうらわばこそ、念仏を廻向して、父母をもたすけそうらわめ。
ただ自力をすてて、いそぎさとりをひらきなば、六道四生のあいだ、いずれの業苦にしずめりとも、神通方便をもって、まず有縁を度すべきなりと云々

（第五条）

冒頭に、「親鸞は父母の孝養のためとて、一返にても念仏もうしたること、いまだそうらわず」と言われている。「父母の孝養」とは、親孝行のことであるが、それに関連して念仏申すことが話題になるのは、亡くなった父母に対する追善供養の関心からであろう。

この親鸞の言葉は、現代の一般常識からは驚くべき言葉である。今日、廃れつつあるとはいっても、親の法事や墓参などを行って、追善供養のために念仏することこそは大事なことではないか、という考えは多い。親鸞のこの言葉は、今日の寺離れや墓じまいを助長することにならないかという非難も聞こえそうだ。

追善供養とは、遺族が、亡き人に代わって善業（善いおこない）をなし、その善業の結果得られるであろう福徳を、亡き人に回向（回し向け、方向転換すること）し、供養する（捧げる、差し上げる）ことである。遺族である子が亡き父母に向かって行う追善供養を、ここでは「孝養」といわれたのである。

追善供養によって、亡き人が苦しみから浮かばれて、冥福（冥途の幸福、死後・あの世の幸せ）を得られるようにする。つまり、追善供養の前提には、亡き人が苦界に沈んでいるのではないかという思いがある。親先祖が苦界から浮かばれないのは、遺族が追善供養しないためであるとすれば、亡き人は怨んで遺族に対して災いや祟りをなすのではないか。そのような恐れから、鎮魂儀礼や祟り除けとして古くから追善供養が行われてきた。

●供養と念仏

親鸞の時代にも、親の追善供養のために念仏申すということが行われていたことが窺われる。だからこそ、この条の冒頭に、親鸞の明確な言葉があるのだ。

そもそも『歎異抄』には、

念仏にまさるべき善なきゆえに（第一条）

とも、

念仏もうすのみぞすえとおりたる大慈悲心にてそうろうべき（第四条）

とも言われている。あらゆる善も念仏にはおよばない。念仏こそ徹底した大慈悲心である。また、

一切の功徳にすぐれたる
南無阿弥陀仏をとなうれば
三世の重障みなながら
かならず転じて軽微なり

（親鸞『現世利益和讃』）

とも詠われている。そのような善根・功徳の念仏ならばこそ、追善供養に用いたいという考えは必ず出て来るだろう。

しかし、上述のように、「親鸞は、父母の孝養のためにといって念仏申したことは、いまだ一度もありません」と明言された。

この言葉は、誰もいないところでの独り言ではない。おそらく、「親鸞聖人はご両親様の追善供養のためにお念仏なさいますか」と問う人がいたか、あるいは、数人の座談の中で、「親の追善供養のために念仏申すべきでしょうか」ということが話題になったからこその言葉だったのだろう。

「親鸞は」と、改まって自らの名乗りを挙げて語られるのは、「ほかの誰でもない。逃げも隠れもしない。私、親鸞は」というほどの意義がある。曽我量深先生が指摘された通り、責任ある態度表明である（曽我量深選集・第六巻『歎異抄聴記』第八講・第二十六講、大法輪閣）。

何故、そのように態度表明をしなければならなかったのか。それは、仏教の根本にかかわる重要事

項だったからに違いない。そして、「そのゆえは……」と、以下に理由を述べていく。そこに示されたのは、親鸞が明らかにされた仏教（浄土真宗）の衆生観、念仏観、そして浄土観である。これらの内容を、以下に尋ねてみよう。

●親鸞の衆生観

第五条冒頭の言葉に続いて、親鸞は、

そのゆえは、一切の有情は、みなもって世々生々の父母兄弟なり。いずれもいずれもこの順次生に仏になりて、たすけそうろうべきなり（第五条）

と述べられた。「有情」とは衆生のことである。つまり、すべての衆生（生きとし生けるもの）は、みんな生まれ変わり死に変わり、永き世かけて循環する迷い（輪廻生死）の中での父母兄弟である。だから、「今の一生の、わが父・わが母・わが子・兄弟姉妹のために」というのでなくて、だれもかれもを、次の生に仏になってたすけるべきであると言われるのである。

　このような衆生観を、現代日本の多くの人は持っていない。口先では、「人類皆兄弟なり」と言ったとしても、オレさえよければ、自分たちさえよければというエゴイズムに動かされているのではないか。

また、仏教を学んだとしても、「世々生々」などという言葉はアートマン（我）を不滅と観る輪廻転生を前提とするので、真の仏教者として受け入れがたいという人もあるだろう。

しかし、親鸞自身がそのように考えていたことは一応、認めざるを得ない。たとえば、親鸞の主著『教行信証』の中に、

仏経に言わく、「識体、六趣に輪回す、父母にあらざるなし。生死、三界に変易す、たれか怨親を弁えん」。また言わく「無明慧眼を覆う、生死の中に来往す。往来して所作す、更にたがいに父子たり。怨親しばしば知識たり、知識しばしば怨親たり」。ここをもって沙門、俗を捨てて真に赴く、庶類を天属に均しうす。栄を遺てて道に即く、含気を己親に等しくす

（『教行信証』「化身土巻」末巻、『弁正論』の文。現行聖典のルビによる）

という文が引かれている。これは、「識（心）は六道に輪廻している。父や母でなかったものはない。生死をくりかえして、三界に生まれ変わってきた。だれが、怨敵か味方かをわきまえようか（だれもわきまえられるものはいない）」という意味であり、「だから修行者は、俗世の栄華をすてて仏道に入り、庶類（衆生）を天属（両親）とひとしくする」（取意）というのである。そして、そこにはさらに、「含気を己親に等しくす（一切衆生を自分の親と等しくおもう）」と示されている。儒教や道教など、中国在来の思想に対する仏教の意義を述べられたものである。

このような衆生観は、道元にもうかがわれる。

出家の作法は一人に限らず、一切衆生を斉しく父母の恩の如く深しと思いて、なすところの善根を法界に廻らし、別して今生一世の父母に限らざらん時んば、無為の道に背かざるなり

（『正法眼蔵随聞記』）

と。一切衆生をひとしく父母の如く思い、自分の為す善根はあまねく一切に及ぼして、特別に今の一生の父母に限らない時こそ、さとりの道に背かないのである、と言われている。

これらは、もともと慈悲平等の仏教精神であるが、道元・親鸞二師の比叡山における学びが反映しているのかもしれない。すなわち、比叡山開山の伝教大師・最澄以来の『梵網経』の学びの伝統が窺われる。

一切の男子はこれわが父、一切の女人はこれわが母なり。われ生々にこれによりて生を受けずといふことなし。故に、六道の衆生はみな、わが父母なり

（『梵網経』）

との経言がある。

また、日蓮にも、

六道四生の一切衆生は皆父母なり

（『法蓮抄』）

と示された消息がある。さらに親鸞においては、父母ばかりでなく、「兄弟なり」とまで同朋観が展開している。これこそ大乗仏教の精神を示されたものである。

『大法輪』二〇一九年八月号「大法輪アーカイブス」に掲載された暁烏敏師の講話には、

仏法をほんとうに聴聞すると、そんな小さな、わが子じゃの、人の子じゃのという、そういう根性はなくなる。お釈迦さまはおっしゃる。自分より年上の男はみんな父親だと思う。年上の女はみんな母親だと思う。少し年上ならば、男なら兄と思う。女なら姉と思う。こうおっしゃる。血筋が通うておるとかおらんとかいうのは利己主義じゃ

（暁烏敏「如来のお心を貰う」『大法輪』二〇一九年八月号「大法輪アーカイブス」二二〇頁下段）

と述べられている。我われは、自分の親や子供が元気なら嬉しいのは事実である。しかし、暁烏師は、

仏法の上では、そういう心があっても、そういう心の喜びをもう一度超えたところに、ほんとうの喜びの世界がなければならん

（「如来のお心を貰う」二二一頁下段）

と言われている。それは、親鸞の味わわれた衆生観に通じると思う。

●親鸞の念仏観――他力回向――

さらに親鸞は、続いて、

わがちからにてはげむ善にてもそうらわばこそ、念仏を廻向して、父母をもたすけそうらわめ。ただ自力をすてて、いそぎさとりをひらきなば……　（第五条）

と語られた。念仏は、自我の計らいや努力で行う善ではなく、ただひとえに阿弥陀仏からの「御もよおし」である。『歎異抄』に、親鸞は、

弥陀の御もよおしにあずかって、念仏もうす　（第六条）

のであると示されている。また、教え子である唯円も、

念仏のもうさるるも、如来の御はからいなりとおもえば　（第十一条）

と述べている。

念仏申すことが出来るのは、弥陀の働きかけによるのである。これを他力回向・本願力回向の念仏というのである。親鸞の言う念仏は、阿弥陀仏の側からのお与えである。

自分の側からする故人の追善供養のための回向は、「自力の回向」と言う。他力回向と回向の方向が反対なのである。自力の回向は、自分の為した善根功徳を、亡き父母や阿弥陀仏や浄土往生に向かって、自分の方から回し向けるのである。自分のなした念仏の徳を、亡き父母に回し向けようとすることは自力の念仏である。

そのように、今生限りの自分の親のために念仏を用いようとするものは、「如来の仕事を盗むもの」（清沢満之）ではないか。

一切の有情（衆生）との関係性に思いを致さず、自分の今の一生における父母が浮かばれるようにと念仏の功徳を回向供養しようとする心こそが自力である。「わが力」ではげむ善として念仏を申し、それによって得られる功徳を亡き父母に回し向けようとすること、これを自力回向と言う。

真実に回向を受けているのは、我われ衆生の方である。親鸞は『教行信証』に、行（念仏）も信（信心）も、因（行信）も果（証）も、ただひとえに、

阿弥陀如来の清浄願心の回向成就したもう所に非ざること有ることなし

（『教行信証』「信巻」「証巻」取意）

と述べられた。すべて阿弥陀仏の清浄なる願心の回向成就であるというのだ。

●親鸞の浄土観

この第五条の結びに、親鸞は、

ただ自力をすてて、いそぎさとりをひらきなば、六道四生のあいだ、いずれの業苦にしずめりとも、神通方便をもって、まず有縁を度すべきなり　（第五条）

とのべられた。「ただ自力を捨てて」浄土を願う純粋さが、はやく浄土の覚りを開く道である。さらには、浄土のさとりを得るとすぐに、まず有縁が六道（地獄・餓鬼・畜生・修羅・人・天という六つの迷いの世界・生存状況）、四生（胎生・卵生・湿生・化生という、四つの生まれ方。迷いの世界の四種類の生まれ方）のあいだ、どのような業の苦しみに沈んでいようとも、神通方便をもって度すべきであると言われたのである。すなわち、極楽浄土とは、この世の延長上に求める快楽・安楽の世界ではなく、仏の覚りの世界であり、また、覚りに基づく神通方便の力を得て、迷いに沈む衆生を済度するために出立する「基地」である。

その浄土の覚りに向かう往相も、浄土から迷いの世界にもどる還相も、共に「如来清浄願心の回向成就」（親鸞『浄土文類聚鈔』）である。

第九講

「無碍の一道」とは何か

自力と他力

『歎異抄』においては、自力とは「わがはからい」、つまり、我執（エゴイズム）の計らいである。また、他力とは「如来の本願力（如来の本願のはたらき）」である。

しかし、一般的辞書の説明からしてそうであるが、世間には、自力とは自分の努力・精進、他力とは自分は怠けて他人の力をあてにすること、という理解の方が圧倒的に多い。

したがって「念仏は、ひとえに他力の行である」という言葉を聞けば、まことに消極的、かつ退嬰的だという印象を懐く人が多いだろう。

また「念仏は易行である」と聞けば、なんとだらしなく安易なことか、それでも仏道修行かと思う人も多いに違いない。

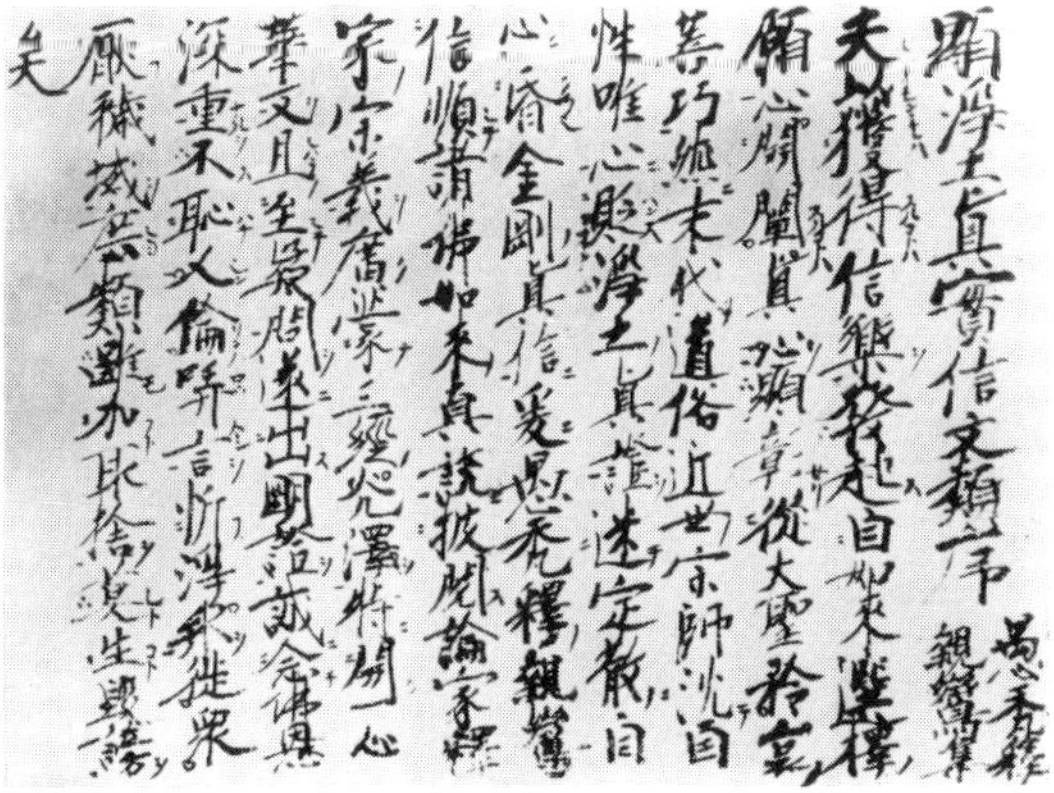

親鸞自筆の『教行信証』（坂東本）

多くの方々に、仏教の言葉の意味を正しく了解していただくためには、何度も繰り返し丁寧に解説を試みていかなければならないと思う。

なぜ、「ただ念仏」なのか。なぜ、「なむあみだぶ（つ）」と声に出して念仏しなければならないのか。

親鸞は、このことを『歎異抄』以外にも繰り返し語っているのであるが、今回は特に、

念仏者は、無碍の一道なり　（第七条）

と積極的に言い切られた心をたずね、念仏の意義を考えたい。親鸞の代表的著作である『教行信証』や、和讃集等を援用しつつ述べてみよう。

念仏は無碍の一道なり

「念仏は無碍の一道なり」という親鸞の積極的言明は、『歎異抄』第七条にある。

その冒頭に、

一、念仏者は、無碍の一道なり。そのいわれいかんとならば、信心の行者には、天神地祇も敬伏し、魔界外道も障碍することなし。罪悪も業報も感ずることあたわず。諸善もおよぶことなきゆえなりと云々（第七条）

と、はっきりと示されている。

ここに挙げられた、天神地祇（天の神・地の神）や悪魔・外道の問題、善悪の業の報いという問題は、ふだんはそれほど意識していなくとも、何か事があれば必ず話題になり、我われの気にかかってくることなのではないだろうか。

たとえば、冷害や日照りによる農作物の不作、地震や風水害などの自然災害、あるいは病気や事故などの身内の不幸、家庭内の不和等が続くと、何かの祟りや悪事の報いではないかと、ふと思う。だから現代でも、新車を購入すれば交通安全の祈祷、厄年の年齢になれば厄除け祈願、受験には合格祈願のためといって、神社仏閣に参拝するということが行われている。無宗教だと言いつつも、家内安全・商売繁盛のための初詣は、ますます盛んである。

当時のさまざまな祈祷と、念仏の功力の優劣如何ということが話題となった座談の中で、親鸞は口を開かれたのであろう。

この条の初めに、「念仏者は無碍の一道なり」とある。「念仏者は」という表記は、「念仏する者は」という意味だと解説される場合もあるが、いまは国文学の方面の指摘や多くの用例から、念仏とはどのようなものかを定義づける文体と見て、「念仏は」という意味として領解していきたい。「念仏する者は無碍の一道なり」では、主語・述語の齟齬を感ずるからである。

しかし、「人は道なり」という面から、どうしても「念仏する者は」としなければならないという考えもあろう。それについては、すぐ続いて「信心の行者には……」とあり、その生きざまが述べられているのだから、「信心をもって念仏する者は、無碍の一道を歩むものである」というように全体の趣旨をとらえるとよいのではないかと思う。

そこで「無碍の一道なり」についてである。「何者にも妨げられることのない唯一つの道である」と捉えれば、まことに勇ましい印象である。次に、「そのいわれいかんとならば」と、以下のように理由が述べられる。

〈信心の行者には、天地の神々も敬い伏し、人をたぶらかす悪魔外道も妨げをなすことが無い。罪悪の業も報いとしての苦果を結ばないし、諸々の善も及ばない。だから、（念仏は）無碍の一道である〉

と。このように意味をとれば、総てを蹴散らして重戦車が地響きを立てて進むが如くである。

なるほど親鸞は、真実信心の人の現生に受ける利益として「冥衆護持（天竜夜叉など、人間の眼には見えないものが護持する利益）」、「至徳具足（最高完全な徳が身に具わる利益）」を挙げている（『教行信証』「信巻」現生十種の益）。

また、十五首から成る「現世利益和讃」に、天地の神々について、

天神地祇はことごとく
善鬼神となづけたり
これらの善神みなともに
念仏のひとをまもるなり

（「現世利益和讃」第十一首）

と詠み、「天地にみてる悪鬼神　みなことごとくおそるなり」（第十二首）と示された。
また、悪魔については、

南無阿弥陀仏をとなうれば
他化天の大魔王
釈迦牟尼仏のみまえにて
まもらんとこそちかいしか

（「現世利益和讃」第十首）

と詠まれている。
これら和讃の根拠は、もとは『大集経』であり、その要文を親鸞は『教行信証』「化身土巻」末巻に挙げられているのである。

また、余の功徳善根と対比して、念仏の浄除業障（悪業の障を浄め除くこと）のはたらきは、

一切の功徳にすぐれたる
南無阿弥陀仏をとなうれば
三世の重障みなながら
かならず転じて軽微なり

（「現世利益和讃」第三首）

と詠まれている。これらの和讃は、一見、自我愛の我執にとってまことに都合が良いように思われる。さらには、反道徳的・反社会的危険性が含まれているではないかと誤解する向きもある。「神罰なく、業障をも除滅する最上善が念仏である。だから、念仏さえ申せば、何をやっても差し支えない」と。

親鸞の晩年に関東で露わになった「造悪無碍（悪をなしても救い・往生に妨げはない。だから進んで悪をなすべしという主張）」の動向もこれによる。その昔、山伏弁円が親鸞を怨み、殺害を企てた一因は、そのことにあったのかもしれない。人間の我儘勝手な要求を認め、心願を成就する呪文が「なむあみだぶ（つ）」という称名念仏なのであろうか。

否。真実の念仏はマントラ（神秘な真言）ではないし、決して自我愛を拡大・増幅させるものではない。「念仏」とは、「仏を念いつづけて忘れない」ということであり、そのために「称名（仏の名を称えること）」が勧められる。具体的には、「南無（帰命）」「阿弥陀仏（無量寿・無量光の正覚）」と言葉に出して言うことである。

「なむ・あみだぶ（つ）」とは、つまり、「大いなるいのち、大いなる光（無量寿・無量光）に感謝します」という意味である。それは感謝の表明であって、だから親鸞は、

唯能常称如来号　応報大悲弘誓恩

唯よく常に如来の号を称して、大悲弘誓の恩を報ずべし　（『正信偈』）

と報恩の称名であることを明らかにされているのである。

●無碍ということ

そもそも「無碍の一道」とはどのようなことなのかを、明らかにしなければならない。

「無碍」とは、「碍（さまたげ）」が無いという字であるが、決して自我愛（我執）にとって無碍ということではない。それは、大乗仏教の大涅槃の力用（はたらき）であり、阿弥陀仏に関することである。『教行信証』には、「無碍の光明」（「総序」）、「無碍光如来（阿弥陀仏）」、「円融無碍」（「信巻」至心釈・信楽釈）等と述べられている。

無碍光如来の「無碍」とは、

　無碍というは、さわることなしとなり。さわることなしともうすは、衆生の煩悩悪業にさえられざるなり　（『尊号真像銘文』）

と親鸞は示し、また、弥陀の名号のはたらきとしての「無碍」を、

　無碍ともうすは、煩悩悪業にさえられず、やぶられぬをいうなり　（『一念多念文意』）

と表しているのである。煩悩悪業をものともしない救済力である。それはどのようなことなのか。

『歎異抄』第七条に親鸞が言われた「無碍の一道」の根拠はまさしく次の文である。


「道」は無碍道なり。『経』（華厳経）に言わく、「十方無碍人、一道より生死を出でたまえり」。「一道」は一無碍道なり。「無碍」は、いわく、生死すなわちこれ涅槃なりと知るなり。かくのごとき等の入不二の法門は無碍の相なり　（『教行信証』「行巻」他力釈、曇鸞『浄土論註』の文）

と。「無碍の一道」とは、「十方無碍人（十方諸仏）」成仏の唯一の道である。

「生死すなわちこれ涅槃なりと知る（迷いがすなわち覚りであると知る）」という、相対分別を越え

た真実の智慧を「無碍」というのである。たとえば、このことを親鸞は和讃に、

無碍光の利益より
威徳広大の信をえて
かならず煩悩のこおりとけ
すなわち菩提のみずとなる

（「曇鸞和讃」第十九首）

罪障功徳の体となる
こおりとみずのごとくにて
こおりおおきにみずおおし
さわりおおきに徳おおし

（「曇鸞和讃」第二十首）

と詠んだ。「煩悩の氷」が融けて「菩提の水」となり、「罪障」が「功徳」に転換する。そのことを知るのが「無碍」である。また、『教行信証』には、木と火の譬があげられている。

譬えば、火、木より出でて、火、木を離るることを得ざるなり。木を離れざるをもってのゆえに、すなわちよく木を焼く。木、火のために焼かれて、木すなわち火となるがごときなり

（『教行信証』「信巻」）

木が火と離れず、火に焼かれて木が火となる。煩悩と覚りもそうだというのである。そのように知る柔軟なものの見方・感じ方・考え方こそが無碍の智慧であり、これを「無分別の智慧」という。これが大乗仏教の覚りの智慧である。

それは、人間の自我愛（自力・我執）に基づく、利害・損得・好悪・善悪などを計算してあれこれとはからう、○×式のかたくなな差別心の思考を正す。無分別・平等無二の教え、これを「入不二の法門」という。

それがすなわち、自力の過ちを正し、真の智慧を獲させる無碍光如来の名号のはたらきである。その点において、「念仏は無碍の一道なり」と言われたのである。

「入不二の法門」は、もともとは『維摩経』に出てくる言葉である。不二とは無碍の相である。その『維摩経』をもとにして解説された曇鸞の『浄土論註』の無碍道の釈によって、智慧の念仏の徳を親鸞は示された。そして『正信偈』に、

惑染凡夫信心発　証知生死即涅槃

〈煩悩の凡夫が信心によって、生死がすなわち涅槃であると明らかに知るのである〉

と信心の智慧を示された。

●無碍道は、柔軟心の道

「無碍の一道」を、何ものにも妨げられない一筋の道と捉えれば、重戦車の驀進するが如きイメージを抱いてしまうが、決してそうではない。重戦車も、より強大なものにぶち当たれば転覆させられてしまう。

無碍道は、ぶつかることがない「柔軟心」の道である。損か得か、好きか嫌いか、善か悪か、勝つか負けるかという分別のない、無差別・無執着の智慧である。

仏のさとりを「阿耨多羅三藐三菩提」という。それこそは無執着・無差別平等の無碍道である。それに通じ、「生死即涅槃と認知する」のが信心である。

「無碍の一道」としての念仏は、自己を正当化し自是他非（自分が正しくて相手が間違っている）を言い立てる自我愛、「自分は悪くない、悪いのは社会だ」と主張して増長する自我愛に水を差す。「それでいいのか」と。これが「智慧の念仏」である。

浄土真宗においては、我儘な心願のために仏の名を称えることはしない。神や仏に除災招福を求める必要なく、自己を内から惑わす魔界や、外から惑わす外道にもたぶらかされない。また、自分の犯した過ちについては、そのことを受け止める。諸々の善をなして、見返りの幸せを追い求める必要がない。

そのような「信心の智慧」による生き方こそが、念仏が実現する「無碍の一道」なのである。

第十講

『歎異抄』に見える親鸞の人間的魅力

前回まで、「悪人正機」（本講座第六講）、「他力の教え」（第七講）、「追善供養と念仏」（第八講）、「無碍の一道」（第九講）という『歎異抄』の重要事項について解説してきた。それらの教義的内容は、親鸞その人を離れては決して成り立たない。

では、親鸞は人間的にどのような個性をもった人だったのか。

今回は『歎異抄』に見える親鸞の人間的魅力についてたずねたい。特に、親鸞と唯円との「対話」二篇と、親鸞自身の「述懐」一つを取り上げて考えたいと思う。

●同じ心にてありけり——第九条——

この講座の第一回以来、幾度か『歎異抄』第九条にふれてきた。それは、親鸞と唯円との対話に、親鸞の人格が活写されているからである。

『歎異抄』の第九条は、

「念仏もうしそうらえども、踊躍歓喜のこころおろそかにそうろうこと、またいそぎ浄土へまいりたきこころのそうらわぬは、いかにとそうろうべきことにてそうろうやらん」と、もうしいれてそうらいしかば（第九条）

と始まる。これは、

〈念仏を申しても、喜びの心がまばらです。また、はやく浄土に行きたいという気持ちがございません。いったい、どうしたらよろしいのでしょうか〉

という、悩みに悩んだ末の、やむにやまれぬ問いであった。

①「念仏と喜び」の問題と、②「浄土に参りたき心がない」という問題である。

これに対して、

親鸞もこの不審ありつるに、唯円房おなじこころにてありけり（第九条）

と答えられた。この答えによって、問うたのが唯円であり、問われた親鸞が答えているということが分かる（また、『歎異抄』の筆者が唯円であるということも、この第九条と後で触れる第十三条にその名が挙げられていることによって推定されるのである）。

唯円は、親鸞よりおよそ五十歳も若い教え子であると思われるが、その問いは親鸞の核心を突いた問いであった（そのことは、『教行信証』の「信巻」と「化身土巻」にある親鸞の「悲嘆述懐」に窺われる）。だからこそ、

〈親鸞もこの不審があったが、唯円房は同じ心だったのだな〉

と、驚きをもって親鸞は答えられたのだ。その正直さ、率直さが親鸞の魅力である。

親鸞は、「その不審」ではなく「この不審」と受け止め、「よくよく案じみれば」と、唯円と思索を共にしていくのである。

まず、唯円が問う、①「念仏と喜び」についての親鸞の答えである。

よくよく案じみれば、天におどり地におどるほどによろこぶべきことを、よろこばぬにて、いよいよ往生は一定おもいたもうなり。よろこぶべきこころをおさえて、よろこばざるは、煩悩の所為なり。しかるに仏かねてしろしめして、煩悩具足の凡夫とおおせられたることなれば、他力の悲願は、かくのごとし。われらがためなりけりとしられて、いよいよたのもしくおぼゆるなり　（第九条）

と親鸞は述べられた。

「よくよく案じみる」ということは、後述する『歎異抄』「後序」の「親鸞一人がためなりけり」にも窺われる内観的な姿勢である。決して対他的でないし、説教者的でない。自己自身を省みて、〈念仏しても喜ばないようにさせているのは、煩悩の仕業である。しかるに、阿弥陀仏は前もって（われらのことを）御存じであって、「煩悩具足の凡夫」と仰せられたことであるから、（阿弥陀仏の）他力の悲願は、このようである。われらのためだったのだなと知られて、ますますたのもしくおもわれるのである〉

と答えられた。「たのもしい」とは、当時の実感ある言葉だったのだろう。

もう一つの唯円の問いは、②「浄土に参りたき心がない（願生心の欠如）」ということであった。これについても、親鸞は、諄々と答えている。

> また、浄土へいそぎまいりたきこころのなくて、いささか所労のこともあれば、死なんずるやらんとこころぼそくおぼゆることも、煩悩の所為なり。久遠劫よりいままで流転せる苦悩の旧里はすてがたく、いまだうまれざる安養浄土はこいしからずそうろうこと、まことに、よくよく煩悩の興盛にそうろうにこそ。なごりおしくおもえども、娑婆の縁つきて、ちからなくしてお

わるときに、かの土へはまいるべきなり。いそぎまいりたきこころなきものを、ことにあわれみたもうなり。これにつけてこそ、いよいよ大悲大願はたのもしく、往生は決定と存じそうらえ

（第九条）

というのである。その意味は、

〈浄土へはやく参りたい心がなくて、わずかばかり体がつらいことがあると、死ぬのではないかと心細く感じるのも煩悩の仕業である。遥か遠い昔から今までずっと流転し続けてきた苦悩のふるさとであるこの世は捨て難く、まだ生まれていない安養（安らぎとめぐみゆたかなお育てをいただく世界である）浄土は恋しくないということは、まことに、よくよく煩悩が興り盛んであることよ。なごりおしく思っても娑婆（この世）の縁が尽きて、力なくして命が終わる時に、彼の土（浄土）には参ることになっているのだ。早く浄土に参りたい心がない者を、弥陀はことにあわれんでくださるのである。こういうことだからこそ、ますます弥陀の偉大な悲願はたのもしく、我らの往生は決定していると思われるのです〉

ということであった。

このように、死ぬのではないかと心細く思ってしまう自分であること、苦悩の娑婆に執着し、浄土が恋しくない自分であることをごまかさないで、「まことに、よくよく煩悩の興盛にそうろうにこ

そ」と実感を吐露（とろ）されるところが親鸞の魅力である。

そして、このような煩悩具足のわれらだからこそ、弥陀の悲願がかけられている。故に、われらの往生は決定しているのだという。知らぬ人は逆説ととらえかねないが、まことに、少しの無理もない、感謝に満ちた言葉である。

そして、親鸞は、

踊躍歓喜（ゆやくかんぎ）のこころもあり、いそぎ浄土へまいりたくそうらわんには、煩悩のなきやらんと、あしくそうらいなまし

（第九条）

と言葉を結ばれる。念仏申せば身も心も挙げて大喜びし、はやく浄土へ参りたいというなら、

〈煩悩が無いのだろうかと、悪いことになってしまうのではないかな〉

と。この時には、唯円も親鸞もにっこりと微笑（ほほえ）み合ったであろう。悩みの中から堪（たま）らず問うた唯円であったが、「質問申して良かった」と心底感じたことであろう。

このような打ち解けた感じが親鸞の魅力である。

●業縁の自覚――第十三条――

『歎異抄』には、もう一つ有名な対話がある。第十三条である。前述の第九条は唯円の問いから始まるが、こちらは、「唯円房は私の言うことを信じるか」という親鸞の問いかけから始まる。

あるとき「唯円房はわがいうことをば信ずるか」と、おおせのそうらいしあいだ、「さんぞうろう」と、もうしそうらいしかば、「さらば、いわんことたがうまじきか」と、かさねておおせのそうらいしあいだ、つつしんで領状（りょうじょう）もうしてそうらいしかば

（第十三条）

あるとき親鸞は、「唯円房は私の言うことを信じるか」と、唯円に問うた。これに唯円が、「はい、さようでございます」と答えると、親鸞はさらに、「それでは、親鸞が言うことにそむくまいというのか」と重ねて問われた。もちろん、「そうでございます」と唯円は答える。

このように重ねて確かめたうえで、親鸞は、

たとえば、ひと千人ころしてんや、しからば往生は一定すべし

（第十三条）

と言ったのである。

〈たとえば、人を千人殺してみないか。そうしたら往生は決定するに違いないぞ〉

と。その由来は、悪知識（悪い師匠）の指示によって千人殺しを試みたアングリマーラの物語（『央掘摩羅経』）であろうと推察される。初めて聞く人ならば、びっくりするにちがいない。

（承前）と、おおせそうらいしとき、「おおせにてはそうらえども、一人もこの身の器量にては、ころしつべしとも、おぼえずそうろう」と、もうしてそうらいしかば、「さてはいかに親鸞がいうことをたがうまじきとはいうぞ」と（第十三条）

親鸞のその言葉を受けて、さぞ唯円も驚いたことだろう。唯円は、

〈仰せではございますが、一人もこの身の能力では、殺せそうにありません〉

と答えた。それに対して、

〈おや、一体どうしたことだ。親鸞の言うことにそむくまいと（なぜ）言ったのかな〉

と、親鸞は言うのである。これは唯円をなじったのではない。少しおどけた調子で唯円の自覚を促したのであろう。

実は、親鸞には、気づいてもらいたいことがあったのだ。

親鸞は、続けて、

これにてしるべし。なにごともこころにまかせたることならば、往生のために千人ころせといわんに、すなわちころすべし。しかれども、一人にてもかないぬべき業縁なきによりて、害せざるなり。わがこころのよくて、ころさぬにはあらず。また害せじとおもうとも、百人千人をころすこともあるべし（第十三条）

と言われた。その意味は、

〈これによって知るべきである。なにごとも心の思い通りにできるならば、往生のために千人殺せと（私が）言ったならば、（唯円は、その言葉に従って）殺すに違いない。しかしながら、一人さえも殺せるような業縁がないから、殺害しないのである。自分の心が善くて、殺さないのではない。また、害すまいと思ったとしても、百人千人を殺すこともあるに違いないのである〉

ということである。「業縁」の教えである。

この対話を想起して、唯円は、

（承前）と、おおせのそうらいしは、われらが、こころのよきをばよしとおもい、あしきことをばあしとおもいて、願の不思議にてたすけたまうということをしらざることを、おおせのそういしなり（十三条）

と受け止めている。

〈（以上の親鸞の）仰せがあったのは、我われが、心が善いのを善いと思い（心が善ければ往生できると思い）、悪いのを悪い（心が悪いならば往生できない）と思って、弥陀の本願の不思議（思慮分別を超えたはたらき）にて助けて下さるということを知らないで（はからってばかり）いることをおっしゃって下さったのである〉

というのである。まことに、懇切丁寧に教えて下さった親鸞の導きを振り返って、深く感謝している心情があふれ出ている。

このように、若い教え子に向かって、その根性（性格・気質・個性）を見とおして気づきを与えてくれるのも、親鸞の大きな魅力である。

●親鸞一人がためなりけり——後序——

『歎異抄』「後序」には、有名な親鸞の述懐がある。

弥陀の五劫思惟の願をよくよく案ずれば、ひとえに親鸞一人がためなりけり。されば、それほどの業をもちける身にてありけるを、たすけんとおぼしめしたちける本願のかたじけなさよ　（後序）

という言葉である。唯円は「聖人のつねのおおせには」として、右の言葉を挙げた。それは、

〈阿弥陀仏が五劫もの長き時をかけて思惟された、「ただ念仏をもって衆生を救おうとの願」を、よくよくわが身に引き当てて考えてみると、ただひとえに親鸞一人のためであったのだ。そうであるから、それほどの業をもった身であったのを、救おうと思い立ってくださった本願がなんと忝ないことか〉

という意味である。弥陀の本願を、罪業深重の自己自身において主体的に受け止める親鸞の述懐である。これが親鸞の魅力の最たるものである。

この言葉を、受け止めて記してくれた唯円の功績も偉大なものではないか。

『歎異抄』は出遇(であ)いの書である。唯円こそ、親鸞の人間的魅力に感化された温厚篤実(おんこうとくじつ)の人である。

このような人を生み出すことこそが、親鸞の魅力である。

第十一講

『歎異抄』はカルト宗教を否定する

●カルト宗教の問題

宗教と聞いただけで忌み嫌い、警戒する現代人はずいぶん多い。数十年前に、反社会的事件を引き起こしたいくつかのカルト集団のことが、今も人々の脳裏に鮮明に残っているからであろう。

実は、カルトとは宗教集団に限らない。一般に、人間心理の不安につけこんで構成員の人権をそこない、生命・財産を奪う閉鎖的組織集団をカルトと呼ぶのであるが、特に、宗教カルトが話題にされる。それは、その社会的影響力が顕著で深刻だからだろう。

仏教系・キリスト教系・神道系など、宗教の種類を問わず、さまざまなカルト集団が今も盛んに勢力を伸ばしている。

カルト宗教の特徴とは何だろうか。

主な点を挙げれば、まず、教団の指導者を絶対的権威として、「総裁」「会長」「先生」あるいは「尊師」などと呼んで尊崇し、それに対する信仰・信順を強要する。

また、「地獄に堕ちるぞ」などと信者をおどして不安にさせ、マインド・コントロールなどによって精神的自由や判断能力を奪う。

そして、信者に対し、修行と称して物品販売のノルマを課し、ただ働きを強制し、法外な寄付を要求して財産を巻きあげるということだ。

要約すれば、

①教祖の人格崇拝
②堕地獄などの脅迫
③金品の強要

ということがカルト宗教の特徴である。

『歎異抄』は、それらカルト宗教の教義や主張を、きっぱりと否定する。

そのことについて、今回は尋ねてみよう。

●親鸞は弟子一人ももたずそうろう

『歎異抄』第六条冒頭に、

専修念仏のともがらの、わが弟子ひとの弟子という相論のそうろうらんこと、もってのほかの子細なり。親鸞は弟子一人ももたずそうろう　（第六条）

と、親鸞は述べられている。

「専修念仏」とは、字の通り、専ら念仏を修めるということである。それは、「ただ念仏して、弥陀にたすけられまいらすべし」（第二条）という「よきひと（法然聖人）」の「おおせをかぶりて、信ずるほかに別の子細なきなり」（同上）と親鸞が言い切った道である。

親鸞の妻・恵信尼は、親鸞が比叡山を出て、六角堂に参籠し、九十五日目の暁に法然上人をたずねて、「よきひとにもあしきにも同じように生死いずべき道をただ一筋に仰せられ」た上人の教えを百日間通いつめて聴聞し、信心決定した（「うけたまわりさだめ」）と証言する（『恵信尼消息』第三通）。

その「一筋の仰せ」とは、すべての人が分け隔てなく「ただ念仏」によって平等に浄土往生を遂げるという、専修念仏の教えであった。

「専修念仏のともがら」とは、法然・親鸞の教えを受けて「ただ念仏」を申す人々のことである。その人々の中に「わが弟子ひとの弟子という相論」があるということを「もってのほかの子細なり（とんでもない大間違いである）」と親鸞は言い切られた。

この「相論」は、自分の弟子、他人の弟子と言って、弟子を取り合う争いである。そもそも仏道修行においては、師匠と出遇（であ）い、その教えを受け継ぎ伝える（師資相承（ししそうじょう））という師弟関係は極めて重要なことである。しかし、それは、弟子を自分の所有物のように抱（かか）え込んで他所（よそ）に行かぬように束縛（そくばく）したり、弟子を取り合ったりするような、利害打算（ださん）によるカルト宗教的なものであってはならない。

それは、弥陀の本願に基づく念仏の精神に反する「もってのほか」のことであると厳しく否定して、

親鸞は弟子一人も持たずそうろう

〈親鸞は弟子を一人も持っておりません〉　（第六条）

と言われたのである。

親鸞の弟子の列名一覧（『門侶交名牒（もんりょきょうみょうちょう）』）によると、関東各地に道場を構え、親鸞の教えを受け継ぎ指導的役割を担（にな）った有力な直（じき）弟子が、七十数名おり、さらにそれぞれに弟子がいたということが分かる。これによって、親鸞には、孫（まご）弟子・曾孫（ひまご）弟子まで含めれば、少なく見ても三千人以上の教え子がいただろうと推定されるのである。

それなのに、なぜ、親鸞は「弟子一人も持たず」と言われたのだろうか。

その理由は明確である。念仏申すことも、信ずることも、ひとえに阿弥陀仏のはたらきによるからである。

親鸞は、念仏について、

弥陀の御もよおしにあずかって、念仏もうしそうろうひとを、わが弟子ともうすこと、きわめたる荒涼のことなり（第六条）

〈阿弥陀仏のはたらきを受けて念仏を申している人を、わが弟子と申すことは、きわめてひどいことである〉

と言われ、また、信心についても、

如来よりたまわりたる信心を、わがものがおに、とりかえさんともうすにや。かえすがえすもあるべからざることなり（第六条）

〈如来からいただいた信心を、自分のもののような顔をしてとり返そうと申すのか。決してあってはならないことだ〉

と述べている。

つまり、「弥陀の御もよおしの念仏」であり、「如来よりたまわりたる信心」である。これを「他力（本願力）回向の行信」という。だから、念仏も信心も如来からの回向であって、教祖や師匠という指導者が、与えたり奪ったりするようなものではないのだ。まして生命財産を奪うことはあってはならないことである。ここに平等な人間関係としての和合衆（サンガ）の精神がある。

カルト的な師弟関係を、このように明確に否定しているのである。

●「堕地獄の脅迫」の否定

『歎異抄』後半には、異義八か条が取り上げられている。

異義とは、親鸞が直接に教えてくださった真実信心に異なる主義主張である。それらは、教えの内容を明確に示さないで、学問をしなければ救いはないとか、罪を滅しなければ救いがないと迫って、人を不安にさせ、自分のグループに引きずり込んで支配し、抜け出せないようにするというカルト宗教の手口である。それを『歎異抄』は、はっきりと否定する。

たとえば、『歎異抄』第十七条には、「地獄に堕ちるぞ」と信者を脅す異義が取り上げられている。

その書き出しは、

一、辺地往生をとぐるひと、ついには地獄におつべしということ。この条、なにの証文にみえそうろうぞや。学生だつるひとのなかに、言い出ださるることにてそうろうなるこそ、あさましくそうらえ。経論正教をば、いかようにみなされてそうろうらん　（第十七条）

〈一、辺地の往生をとげる人は、最終的には地獄に堕ちるに違いないということ。このことは、どの証拠になる教えの文章にうかがわれるだろうか（いや、全く根拠がない言い分である）。仏教の学者のふりをする人の中に、言い出されることであることこそ、ひどく悪いことである。経や論や、正しい教えをあらわした書籍をどのように見なしておられるのか〉

というのである。

辺地とは、ふつうには周辺の場所ということである。これは、真実の弥陀の誓願に報いて成就されたさとりの世界である極楽浄土を真実報土というのに対して、その周辺にあって、念仏申しても信心が欠けている者を導くための方便（手立て・方法）として設けられた仮の浄土のことである。

つまりこれは、辺地に生まれた者は、ついには地獄に堕ちるに違いないと、自信のない念仏者を脅して不安にさせる異義である。

このことは、どの聖教に見えますか。そのようなことを言う人は、いったい何を学んでいるのでしょうか、と唯円は言う。親鸞の教えには、決してそのようなことはないのである。

唯円は、これに対して、

信心かけたる行者は、本願をうたがうによりて、辺地に生じて、うたがいのつみをつぐのいてのち、報土のさとりをひらくとこそ、うけたまわりそうらえ（第十七条）

〈信心が欠けた行者は、弥陀の本願を疑うことによって辺地に生まれ、疑いの罪をつぐなってから真実報土のさとりを開く（仏に成る）と、うけたまわったことです〉

と領解を述べ、

信心の行者すくなきゆえに、化土におおくすすめいれられそうろうを、ついにむなしくなるべしとそうろうなるこそ、如来に虚妄をもうしつけまいらせられそうろうなれ（第十七条）

〈信心の行者が少ないから、（釈迦如来は）方便の浄土に多く勧め入れて下さったのに、ついに地獄に堕ちるに違いないと言うことこそは、如来を嘘つきと申し上げることになってしまいますよ〉

と結ばれた。

たとえ、信心が、真実信心になっていなくとも、念仏申すことによって方便の浄土に生まれ、ついには真実の浄土のさとりを開き、仏に成るという教えなのであって、地獄に堕ちるというのではない。決して学者ぶって人を惑(まど)わしてはならない。それは、「如来に虚妄を申しつける」ことで、仏弟子としてあってはならないことである。

これが『歎異抄』の教えである。

●寄付の強要の否定

『歎異抄』の異義篇の最後にある第十八条には、現代においても、最もよく問題にされる、金銭目当てのカルト宗教の教義が取り上げられる。

それは、

一、仏法のかたに、施入物(せにゅうもつ)の多少にしたがって、大小仏(だいしょうぶつ)になるべしということ。この条、不可説(ふかせつ)なり、不可説なり。比興(ひきょう)のことなり（第十八条）

〈寺院・道場や師匠など、仏法の方(かた)に施(ほどこ)し入れる物（寄付の物）の多少に従って、大きな仏・小さな仏になるだろう（だからたくさん寄付しなければならない）ということ。このことは、不可説（説いてはならないこと）である。不可説である。まったく話にならぬ大間違いである〉

と述べられている。

寄付目当てに、「たくさん寄付すれば大きい仏になる。少ししか寄付しなければ小さい仏にしかなれない」という。これは、ばかばかしい主張である。しかし、もう一方では恐ろしい主張である。つまり、何も寄付しなければ仏にならない、という主張だからである。

この主張を、「不可説なり、不可説なり（説くべからず、説くべからず）」と繰り返し、強く否定するのである。

しかし、否定して切り捨てるだけでなく、唯円はその理由を言う。

真実の仏はさとりそのものであるから、大・小や色・形を離れている。だから、大小の仏に成るということは誤りである。

また、称名念仏の声の大・小によって大仏・小仏を見るという経説はあるが、それは、寄付の大小とは関係がない。異義は、経説にこじつけようとしても道理が通らず、全く成り立たない主張である。

また異義者は、布施波羅蜜（施しによってさとりの世界にいたる修行）を勧めるため、と言い訳するかもしれない。しかし、

いかにたからものを仏前にもなげ、師匠にもほどこすとも、信心かけなば、その詮なし。一紙半銭も、仏法のかたにいれずとも、他力にこころをなげて信心ふかくは、それこそ願の本意にてそうらわめ（第十八条）

と唯円は言う。

どれほど布施の行をしても、信心が無ければ空しいことだ。逆に、紙切れ一枚、銭半分も寄付しなくても、他力（阿弥陀如来の本願のはたらき）に帰命することこそ、本願の本意にかなっているのであるというのである。

そして、唯円は、

すべて仏法にことをよせて世間の欲心もあるゆえに、同朋をいいおどさるるにや　（第十八条）

と結んでいる。

〈総じて、仏法にこじつけて、金儲けという世間の欲心のために、念仏の同朋を言葉でもって脅しているのではないか〉

と。これこそ、ご利益で人を釣るカルト宗教に対するとどめの言葉である。これを参考にして、カルトの動向を観察すべきである。

『歎異抄』は、カルト宗教の手口を見抜く信心の智慧の書である。

第十二講

声に出して読みたい『歎異抄』の名言（一）

●はじめに

小学校のころは、国語の教科書をクラス一同が声をあわせて読んだものだ。文章を声に出して読む意義はとても大きい。言葉はもともと発声されたものである。声の響きを聞くことによって、音読する自分自身がその文章の意味をよく理解できる。また、音読するその声を聴けば、読んでいる人がどの程度理解しているか、また、どのような気持ちで読んでいるのかも分かるものである。

特に、仏教経典の音読は奨励（しょうれい）されてきた。読誦行（どくじゅぎょう）ともいう。それは、声を出して自分が読むというだけではなく、仏の説法を我も他人も聴聞（ちょうもん）するという意義があるからである。たとえば、禅宗の六祖（ろくそ）慧能（えのう）という人は、文字教養はなかったが、行商の通りすがりに『金剛般若経（こんごうはんにゃきょう）』の読誦の声を聞いて発（ほっ）

心したという。

『歎異抄』も、ぜひ声に出して読んでいただきたいものである。

今回は、『歎異抄』「師訓篇」（親鸞の教えの言葉の部分）の前半から、声を出して読みたくなるような名言を紹介したい。

まず本文を掲げ、その口語訳（試訳）を添え、さらに要点を解説する形式で進めて行く。

●罪悪深重・煩悩熾盛の衆生と弥陀の誓願——第一条より

【本文①】

弥陀の本願には老少善悪のひとをえらばれず。ただ信心を要とするとしるべし。そのゆえは、罪悪深重煩悩熾盛の衆生をたすけんがための願にまします（第一条）

【口語訳①】

〈阿弥陀仏の本願においては、老人か若者か、善人か悪人かと、人を簡別なさらない。唯、信心のみを要とすると知るべきである。その故は、罪悪が深く重く、煩悩が激しく燃え盛っている衆生をたすけようとするための願でおありだからである〉

【要点解説①】

これは、「弥陀の本願」を主題とする『歎異抄』の総論ともいうべき第一条にある、親鸞の言葉である。

弥陀の本願は、年齢や性別で人を分け隔てしない。無差別平等であり、ただ信心だけが要である。しかも、その信心は、極楽浄土があるとか、阿弥陀仏がいることを信じなければいけないというよりも、「罪悪深重・煩悩熾盛の衆生」が自分自身のことだったのだと気づき、そのことを受け止めること（「機の深信」）である。

これが、『歎異抄』に一貫する信心の特質である。それは「よきひと（善知識）」との「出遇い」によるのである。

● 出遇い——第二条より

【本文②】

親鸞におきては、ただ念仏して、弥陀にたすけられまいらすべしと、よきひとのおおせをかぶりて、信ずるほかに別の子細なきなり

（第二条）

【口語訳②】

〈親鸞においては、ただ念仏して、弥陀にお助けをいただくべしとの、よき人の仰せをこうむって信ずるほかに別の事はないのである〉

【要点解説②】

第二条の主題は、「出遇い」である。ここでいう出遇いとは、会ってすぐ別れるような出会いではない。人生を大きく転換させる出遇い、ひとたび遇って忘れることのない出遇いである。そのような出遇いを、親鸞はこの一言をもって示された。

これは、親鸞が八十歳代に入ってほどなく、息男・善鸞の策動によって惹き起こされた門徒集団の紛争状況の中、はるばる関東から、京都に住む親鸞のもとに来訪した教え子たちへの言葉である。

彼らは、親鸞に対して、「念仏以外に往生の道を知っておられ、またそれについての教えの文章を知っておられて内緒にしておられるのですか。どうか本当のことを教えていただきたい」という問いをぶつけた。それに対して親鸞が、率直に答えたのである。「親鸞におきては」と、自らの名を名乗って語るのは、「逃げも隠れもしない。ほかの誰でもない、この親鸞においては」という、全責任をかけた公明正大な表明である。「ただ念仏して弥陀にたすけられまいらすべし」という「よきひと（真の師、善知識）」の仰せを受けて信ずるほかに別のことはないと親鸞は言い切った。

「出遇い」とは、教えとの出遇いであり、教えて下さる「よきひと」との出遇いである。

【本文③】

たとい、法然聖人にすかされまいらせて、念仏して地獄におちたりとも、さらに後悔すべからずそうろう

（第二条）

【口語訳③】

〈たとえ、法然聖人にだまされて、念仏して地獄に堕ちたとしても、まったく後悔いたしません〉

【要点解説③】

この言葉から、親鸞にとって「よきひと」とは法然だと分かる。

法然聖人に騙されて、念仏して地獄に堕ちたとしても、全く後悔いたしませんと親鸞は言い切られた。承元の弾圧で、法然の教え子たちが検非違使によって逮捕拘禁され、拷問による取り調べを受けていると藤原定家は記している（『明月記』）。結果四人が死罪、八人が流罪に処せられたその時からおよそ五十年、師匠・法然に対する褪せることのない信が吐露されているのである（「後悔すべからずそうろう」の「べからず」は、助動詞「べし」の未然形に否定の助動詞「ず」が接続したもので、ここでは強い否定の意志を表す）。

親鸞の「出遇い」は、「ただ念仏」と教えてくれた法然との出遇いである。

しかもこの信は、惚れ込んで何処へでもついて行くという妄信ではない。明確な理由があるのであ

る。その理由はどのようなことだろうか。

【本文④】

いずれの行もおよびがたき身なれば、とても地獄は一定すみかぞかし　（第二条）

【口語訳④】

〈どのような修行も及び難き身であるから、所詮地獄は決定的住処であるにちがいないのだ〉

【要点解説④】

どのような修行も及ばない自分であるから、地獄は決定的住処であるにちがいないのだ。だから、念仏申したせいで地獄に堕ちたとしても、全く後悔はないと言われたのである。「出遇い」とは、このように、「いずれの行もおよびがたき身」、「地獄は一定すみか」という自己自身との出遇いでもある。

さらに、そのような自己自身のために建てられた弥陀の本願との出遇いであり、その歴史伝統との出遇いであった。

●悪人・煩悩具足のわれらの救い――第三条より

【本文⑤】

善人なおもって往生をとぐ、いわんや悪人をや　（第三条）

【口語訳⑤】

〈善人でさえ往生をとげる。まして悪人はなおさらである〉

【要点解説⑤】

『歎異抄』の名言といえば、この言葉に触れないわけにはいかない。「悪人正機説」である。これは、悪を勧める反社会的発言のように誤解されがちである。その昔、この言葉を使って社員のセールスマンたちに不正な販売活動を奨励した社長がいたことを記憶している。その社長に吹き込んだものがいたのだろう。由々しき問題である。

無用の誤解を防ぐためには、ここに言われる善人とは何か、悪人とは何かということを、『歎異抄』の文章の流れからたずねなければならない。

そして、文脈をたどれば、善人とは「自力作善の人（自我のはからいで善をなすことができると思っている人）」であり、悪人とは、「煩悩具足のわれら」であることがわかるのである。

【本文⑥】

煩悩具足のわれらは、いずれの行にても、生死をはなるることあるべからざるをあわれみたまいて、願をおこしたもう本意、悪人成仏のためなれば、他力をたのみたてまつる悪人、もっとも往生の正因なり　（第三条）

【口語訳⑥】

〈煩悩を欠けめなく具えているわれらは、どのような行によっても、生死（循環する迷いの生存）を離れることができないことを憐れんでくださって、（阿弥陀仏が）願をおこされた本意は、悪人の成仏のためであるから、他力（阿弥陀仏の本願の力）に帰命する悪人が、もっとも往生の正しい因である〉

【要点解説⑥】

「煩悩具足のわれら」という自覚が、親鸞の信の本質であり、これなくしては弥陀の本願は受け止められないのである。これは「罪悪深重煩悩熾盛の衆生」（第一条）や、「いずれの行もおよびがたき身」（第二条）の信知と同一である。
それでは、今『歎異抄』を読んでいる我われ自身はどうなのか。『歎異抄』から現代の我われが問われているのではないか。

●慈悲について――第四条・第五条・第六条より

【本文⑦】

今生に、いかに、いとおし不便とおもうとも、存知のごとくたすけがたければ、この慈悲始終なし。しかれば、念仏もうすのみぞ、すえとおりたる大慈悲心にてそうろうべき（第四条）

【口語訳⑦】

〈今の一生において、どれほど、いとおしい、かわいそうだと思っても、思い通りにたすけることは難しいので、この慈悲（人間の慈悲）は始まりも終わりもない。そうであるから、念仏申すことだけが、最後まで徹底した大慈悲心でございます〉

【要点解説⑦】

人間の懐く慈悲は有限である。古いお経にも、「子も救い得ない。父も親戚もまた救い得ない。死に捉えられたものを救うことは、親戚もなしえないのである」（『法句経』二八八）とあるように、子も親も親族も、死にゆく人をたすけ遂げることはできない。愛別離苦（愛するものと別れなければならない苦しみ）、そこに尽きせぬ悲しみがある。

「この慈悲始終なし」は、「この慈悲は首尾一貫しない」と解釈されてきた。しかし、もう一つの解釈の可能性がある。「始終なし」とは、「無始終」である。とすれば、「始めも終わりもない」ということではないか。『往生要集』に、衆生の循環する迷い（輪廻）は「車輪の始終なきがごとし」という例がある。慈悲もまた、何が始まりで、どうなれば終わりかということは言えないことである。「どうして助けられなかったか」、「あの時、もう少し何とかできなかったか」と、諦めようとしても、繰り返し繰り返し思い出す。この慈悲は「尽きることがない」と見ることはできないか。

人間として、慈悲心の悲しみは尽きることがない。

恩愛はなはだ断ちがたく
生死はなはだつきがたし

（親鸞『高僧和讃』「龍樹和讃」）

である。だからこそ阿弥陀仏は、念仏往生の悲願を建てられたのである。故に親鸞は、「念仏もうすのみぞ、すえとおりたる大慈悲心にてそうろうべき」と言われたのではないだろうか。

【本文⑧】

一切の有情は、みなもって世々生々の父母兄弟なり　（第五条）

【口語訳⑧】

〈すべての有情（衆生、生きとし生けるもの）は、みんながみんな、永き世をかけていくたびも生を繰り返してきた中での父母兄弟だったのだ〉

【要点解説⑧】

これも慈悲の問題である。「親鸞は、亡き父母への供養のための念仏を一遍も申したことがない」と言い切られて、その理由を、まず「一切の衆生（有情）は世々生々の父母兄弟である」からと説かれる。これは、仏教の重要な衆生観であり、『教行信証』「化身土巻」にも、また道元の語録『正法眼蔵随聞記』にも、日蓮の『法蓮抄』にも父母についての共通性が窺われるものである。さらに、兄弟にまで展開しているのは親鸞である（本講座第八講にも触れたので、ご参照いただきたい）。

【本文⑨】

親鸞は、弟子一人ももたずそうろう　（第六条）

【口語訳⑨】

〈親鸞は、弟子を一人も持っておりません〉

【要点解説⑨】

今も昔も、弟子の取り合いや派閥の争い、仲間外れなどが絶えない。「ただ念仏」の専修念仏の人々の中にも、そのようなことがあるということは、とんでもない大間違いであるとして、「親鸞は弟子一人ももたずそうろう」と言われた。その理由は、念仏申すことも、信ずる心も如来の大慈大悲の恵み（回向）であって、親鸞の力によるものではないからである。

この言葉は、如来の大慈悲に基づく念仏者の平等なる連帯を指教しており、浄土真宗の集いのキーワードである「御同朋御同行」の根拠となった。

このように、『歎異抄』は珠玉の名言の宝庫というべき名著である。

第十三講

声に出して読みたい『歎異抄』の名言（二）

前回は、第六条までの名言を紹介した。今回は、さらに続いて『歎異抄』の名言をたずねよう。

●無碍の一道――第七条より

【本文①】

念仏者は、無碍（むげ）の一道（いちどう）なり　（第七条）

【口語訳①】

〈念仏は、さまたげのないただ一つの道である〉

【要点解説①】

この言葉については、すでに、本講座第九講（「無碍の一道とは何か」）において触れたので、簡略に述べたい。

まず「念仏者は」の「者」とは、事柄を定義づける助字で、「念仏は」という意味である（国文学方面の研究による）。「無碍」とは、「碍（さまたげ）」が無いということであるが、それは、何事も蹴散らして驀進するということではない。「碍」とは衆生の自我の執着（自力）に基づく分別（分けて考えること）のことだ。だから、分別を超えて、「生死すなわちこれ涅槃なりと知る（循環し繰り返す迷いがそのまま覚りであると納得する）」ことこそが「無碍」である。

これは、損か得か、好きか嫌いか、男か女か、有か無か、○か×か……といった二項対立的な分別でない「不二」の智慧であり、それこそは、大乗仏教でいう真実の智慧（無分別智）である。

念仏が無碍の一道であるというその理由を、親鸞は「信心の行者に対しては天地の神々も敬伏し、人をたぶらかす悪魔・外道も障碍することができない。罪悪の業も報いとしての苦果を結ばないし、諸々の善も及ぶことがない故に」と言われた。

それは、神に頼らず、魔を恐れず、業報を正受し、念仏よりほか何の善も要としない正定聚（仏になることが正しく定まった人）の生きざまである。

一般的に、現代人のほとんどは、除災招福（災難を除き幸福を得ようとすること）のために、神や仏にすがるのが宗教だと考えている。「苦しい時の神だのみ」とはよく言ったものである。では、苦しくなければ神は無用かといえば、実はそうではない。後ろめたいことがあるからこそ、苦しみや災難が襲って来ることをふだんから恐れているのだ。逆に、幸せは宝くじに当たるようなものだと思っている節がある。だからこそ、多くの人々が、カルトに引きずり込まれるのだろう。

そうではなく、たとえば、「禍福はあざなえる縄の如し（禍と福とは、綯った縄のようで、相互に絡み合い入れ替わり、密接に関わりあっており、どちらか一方に決めてしまってはならない）」ということが道理である。

また、自分の犯した過ちをごまかさないし、責任逃れをしない。さらに、善行の見返りとしての幸せを求める取引根性を持たないのが「無碍」の具体相である。

『教行信証』の本文末尾（「化身土巻」末巻）に、「人いずくんぞよく鬼神に事えんや（人がどうして鬼神につかえることができようか。いや、鬼神につかえるなんてできない）」と、『論語』（先進篇）の文を読み変えて示されている。

人生を正しく見て、吉凶禍福に惑わない生き方を実現するのが念仏であると、親鸞は教えられた。その生き方が、「無碍の一道」だ。「一道」の「一」とは唯一ということである。

そのような念仏のいわれが、さらに第八条「非行非善」に示される。

●非行非善——第八条より

【本文②】

念仏は行者のために、非行非善なり　（第八条）

【口語訳②】

〈念仏は、行者にとって、行でもないし、善でもない〉

【要点解説②】

上述したように、今日一般には、何事かを修行するのも、善事をなすのも、自分や身内の心願成就を目指してのことである。「念仏にまさるべき善はない」（『歎異抄』第一条）とされ、「一切の功徳にすぐれた」（親鸞「現世利益和讃」）念仏というならば、念仏を用いて祈願したら良いのではないか。これに対して親鸞は、「念仏は行者のために非行非善なり」と明確に言い切る。

そもそも「非行非善」という言葉は、『教行信証』「信巻」に、次のようにある。

おおよそ大信海を案ずれば、貴賤・緇素を簡ばず、男女・老少を謂わず、造罪の多少を問わず、修行の久近を論ぜず。行に非ず・善に非ず、頓に非ず・漸に非ず、定に非ず・散に非ず、正観に非ず・邪観に非ず、有念に非ず・無念に非ず、尋常に非ず・臨終に非ず、多念に非ず・一念に非ず。ただこれ不可思議・不可説・不可称の信楽なり

〈およそ大いなる信の海を案ずれば、(身分の)貴賎・緇素(出家と在家)を分け隔てせず、男女・老少を謂わず、造る罪の多少を問わず、修行の久近(長い短い)を論じない。行でないし、善でない。頓(すぐに)でないし、漸(ゆっくりと)でもない。定(精神統一)でないし、散(悪をやめて善を修す)でもない。正しい観でないし邪しまな観でもない。有念でもないし、無念でもない。尋常(日常、常日頃)でないし、臨終でもない。(往生成仏のために)多く念仏申すのでもないし、一回だけの念仏でもない。ただこれ、思議も及ばず、説くこともできず、称えることもできない、楽いともなる真実の信心である〉

と。この文は、真実信心を海に譬えて、四つの「不」と十四の「非」を繰り返し、否定に否定を重ねて、自力の分別を超えた真実の他力・無分別を明らかにされているのである。いわゆる絶対他力である。

そのような趣旨で、「わがはからいで行ずるのでないから非行という。わがはからいでつくる善でもないから非善という」と言われた。そして、「ひとえに他力にして、自力をはなれたるゆえに」と結ばれるのである。

親鸞は、我ままな心願のために仏の名を用いることはしない。念仏は、ひとえに「他力(阿弥陀仏の本願のはたらき)」であり、自力を離れているのである。これこそ、功利的打算的な宗教心を直す浄土真宗の念仏なのである。

このような念仏は、内省・内観を生む。このことを、次の『歎異抄』第九条にたずねよう（第九条については、本書の初講からたびたび触れてきたので、読者の多くには冗長の感を懐かれるかもしれないが、お許しを乞う）。

●念仏による内観――第九条より

【本文③】

念仏もうしそうらえども、踊躍歓喜のこころおろそかにそうろうこと、またいそぎ浄土へまいりたきこころのそうらわぬは、いかにとそうろうべきことにてそうろうやらん

【口語訳③】

〈念仏を申しましても、飛び跳ねて喜ぶ心がまばらでありますこと、また、早く浄土へ参りたい心がございませんことは、いったいどうしたらよろしいのでしょうか〉

【要点解説③】

これは、親鸞の教え子である唯円の問いの言葉である。誠に正直過ぎて驚きを禁じ得ない。人もあろうに、首の飛ぶような念仏に命を懸け、往生浄土に人生を捧げてきた親鸞に問うているのである。

たとえば、『大無量寿経』には、

それ彼の仏の名号を聞くことを得て歓喜踊躍して、乃至一念することあらん。まさに知るべし。この人は大利を得とす。すなわちこれ無上功徳を具足するなり

（流通分）

と説かれている。「歓喜踊躍（喜んで飛び跳ねること）」の念仏とは釈尊の教勅であり、これによって、親鸞が信受した法然の「ただ念仏」の教えがある。

たとい法然聖人にすかされまいらせて、念仏して地獄におちたりとも、さらに後悔すべからずそうろう

（第二条）

と親鸞は言われる。しかし、今の自分は、師・親鸞の仰せの通りになってはいない。念仏申しても喜びはそれほどなく、浄土に参りたい心（願生心）がない。いったいどうしたらいいのか。歎異感情（異なることを歎く感情）から発せられた切実な問いである。胸の内に抱えてなかなか言えないでいたが、どうしても問わずにおれぬ、已むに已まれぬ実際問題（曽我量深選集・第六巻『歎異抄聴記』第十六講、大法輪閣）であった。これは、親鸞の本音をつく問いであった。

【本文④】

親鸞もこの不審ありつるに、唯円房おなじこころにてありけり

【口語訳④】

〈親鸞もこの不審（疑問）があったが、唯円房（は）、同じ心であったのだなあ（！）〉

【要点解説④】

親鸞の応答がまたすごい。「この不審」とは、「その不審」でなく、近くを指す指示語である。親鸞もこの疑問があったが、「唯円房、同じ心にてありけり」と、驚きつつ答えたのである（周知のごとく、「けり」は感動・詠嘆の助動詞である）。受容と共感、これが親鸞の魅力だ。歎異感情の共感、師弟平等である。

『教行信証』を見れば、「信巻」に、

誠に知りぬ。悲しきかな、愚禿鸞、愛欲の広海に沈没し、名利の太山に迷惑して、定聚の数に入ることを喜ばず、真証の証に近づくことを快しまざることを、恥ずべし、傷むべし

とあり、「化身土巻」には、

悲しきかな、垢障の凡愚、無際より已来、助・正間雑し、定散心雑するがゆえに、出離その期なし。自ら流転輪廻を度るに、微塵劫を超過すれども、仏願力に帰しがたく、大信海に入りがたし。良に傷嗟すべし。深く悲歎すべし

という述懐によって、唯円の問いが親鸞の本音をついたのだと窺うことができる。そして、「よくよく案じみれば……」と親鸞はその意義を尋ねていく。歎異感情の共感によって内観的思索が共同されていくのである。

これによって明らかになったのが、「念仏をよろこばないことによって、ますます往生は定まっていると思うべきである」、「浄土に参りたい心がないからこそ仏の悲願がかけられている」ということであった。

【本文⑤】

仏かねてしろしめして、煩悩具足の凡夫とおおせられたることなれば、他力の悲願は、かくのごとし。われらがためなりけりとしられて、いよいよたのもしくおぼゆるなり

（第九条）

【口語訳⑤】

〈仏は前からご存じで、「煩悩具足の凡夫」とおっしゃったことであるから、他力（阿弥陀仏の本願力）の悲願は、このようである。われらの為だったのだなあと知られて、ますますたのもしく感じられるのである〉

【要点解説⑤】

我々が、念仏してもあまり喜べないし、浄土に参りたい心が無いのは、煩悩の仕業（しわざ）である。仏は、このことを前もってご存じで、われらを「煩悩具足の凡夫」と仰せられた。だからこそ、このような煩悩具足のわれらのために阿弥陀仏の悲願がおありなのだと、ますますたのもしく感じられると親鸞はいわれるのだ。建前（たてまえ）ではなく、胸を開いた本音の対話である。

【本文⑥】

いささか所労（しょろう）のこともあれば、死なんずるやらんとこころぼそくおぼゆることも、煩悩の所為（しょい）なり

（第九条）

【口語訳⑥】

〈少しばかり疲れたり体の具合が悪いと、「死ぬのではないか」と心細く感ずるのも煩悩の仕業だ〉

【要点解説⑥】

実感の言葉だ。はちきれんばかりに元気な人や若い盛りはそうでなくても、ある程度の齢になれば、誰でも同様に感じることではないか。親鸞もまた、「死なんずるやらんと心細くおぼゆること」を味わっておられた。この身の事実を通して、「煩悩具足の凡夫」という仏の呼びかけをいただく。これが浄土真宗の学びである。

【本文⑦】

まことに、よくよく煩悩の興盛にそうろうにこそ

（第九条）

【口語訳⑦】

〈本当に、よっぽど煩悩が盛んであることよ〉

【要点解説⑦】

これは、「久遠劫よりいままで流転せる苦悩の旧里はすてがたく、いまだうまれざる安養浄土はこいしからずそうろうこと」に続く親鸞の言葉である。我々も、うなずかざるを得ない実感の言葉だ。

【本文⑧】

なごりおしくおもえども、娑婆の縁つきて、ちからなくしておわるときに、かの土へはまいるべきなり。いそぎまいりたきこころなきものを、ことにあわれみたもうなり　（第九条）

【口語訳⑧】

〈名残惜しく思っても、娑婆の縁（この世に生きて居る条件）が尽きて、力無くして終わる時に、彼の土（浄土）へは参ることになっているのである。急ぎ参りたい心がないものを、（阿弥陀仏は）特に憐んでおられるのである〉

【要点解説⑧】

「なごりおしくおもえども」、「ちからなくしておわるときに」、「いそぎまいりたきこころなきものを」と、実感の中から出てきた親鸞の言葉である。情に沁み入る弥陀の大悲心である。

【本文⑨】

踊躍歓喜のこころもあり、いそぎ浄土へもまいりたくそうらわんには、煩悩のなきやらんと、あしくそうらいなまし　（第九条）

【口語訳⑨】

〈踊躍歓喜の心もあり、早く浄土へ参りたいというなら、煩悩がないのだろうかと、悪いことになってしまうだろう〉

【要点解説⑨】

唯円の問いに応答する親鸞の結びの言葉である。

およそ人間である限り、煩悩のないものはない。煩悩があってこそ人間である。その事実に立って、念仏を喜べなくても、願生心がなくても、それをどうこうしようとする必要がない。無理をする必要もない。まさしく「無義(むぎ)をもって義とす」(第十条)に収斂(しゅうれん)するのである。その意味は、「人間がよいと考える義(自力のはからい)」が無いのが、「義(まことの道理)」であるということである。

第十四講

声に出して読みたい『歎異抄』の名言（三）

前回まで、『歎異抄』前半の名言を紹介し、その内容を解説した。今回はさらに、後半の第十一条以降の名言をたずねて行きたいと思う。

●誓名別信の異義——第十一条より

【本文①】

弥陀の大悲大願の不思議にたすけられまいらせて、生死をいずべしと信じて、念仏のもうさるるも、如来の御はからいなりとおもえば、すこしもみずからのはからい、まじわらざるがゆえに、本願に相応して、実報土に往生するなり

（第十一条）

【口語訳①】

〈阿弥陀仏の大いなる悲願の、心も言葉も及ばないはたらきに、おたすけをいただいて、生死（輪廻、循環し繰り返す迷い）を出るにちがいないと信じて、念仏が申されるのも、如来のおはからいであるとおもうと、少しも自らの計らいが雑じわらないので、弥陀の本願に相応して（ぴったりとかなって）、真実報土（真実の誓願に報われた真実の浄土）に往生するのである〉

【要点解説①】

第十一条は、字ひとつ知らない人々が、素朴な心で念仏申しているのに対して、「おまえは、誓願不思議を信じて念仏を申すのか、あるいは、名号不思議を信じるのか」と言い驚かせて、二つの不思議（誓願不思議と名号不思議）の意義内容を、はっきりと説明しないで人の心を惑わすという異義が取り上げられている。これは「誓名別信の異義」と呼ばれてきた。本来分けることのできない誓願と名号とを、さも別であるかのごとくに主張する教義上の過ちである。

しかし、それだけではない問題がある。教えの内容を分明に言い開かないで、人の心を惑わすということこそが問題である。これによって人を脅して、不安にさせ、その不安につけ込んで組織に引きずり込む。さらに、心をコントロールして、財産や労働力などを巻き上げるというカルトの手口なのである。それこそ、第十一条から第十八条まで取り上げられる異義八か条に一貫する問題である。

そこでまず唯円が述べるのが、前ページに挙げた言葉である。これは、第一条の冒頭の、弥陀の誓願不思議にたすけられまいらせて、往生をばとぐるなりと信じて、念仏もうさんとおもいたつこころのおこるとき、すなわち摂取不捨の利益にあずけしめたもうなり　（第一条）

という文章と相呼応し、阿弥陀仏の誓願と念仏（名号を称えて阿弥陀仏を念うこと）の同一性を示して、本願・信心・念仏・往生という浄土真宗のキーワードが揃って掲げられているのである。

　ちなみに、このような『歎異抄』第一条と第十一条、第二条と第十二条、第三条と第十三条という、前半の師訓篇と後半の歎異篇との対応関係に注目して「前後照応『歎異抄』」ということを指摘されたのが、近角常観師（一八七〇〜一九四二）であった。

●不学難生の異義――第十二条より

【本文②】

他力真実のむねをあかせるもろもろの正教は、本願を信じ、念仏をもうさば仏になる。そのほか、なにの学問かは往生の要なるべきや。まことに、このことわりにまよえらんひとは、いかにもいかにも学問して、本願のむねをしるべきなり　（第十二条）

【口語訳②】

〈他力真実のむね（浄土の真宗）を明らかにしているもろもろの正教は、本願を信じ、念仏をもうさば仏になる（ということを教えている）。そのほか、何の学問が、往生の要であるべきであろうか（いや、何の学問も往生の要であるものはない）。まことに、この道理に迷うような人は、どれほどでもどれほどでも学問して、本願の趣旨を知るべきである〉

【要点解説②】

第十二条には、経釈（経典やその注釈書）を読んで学ばないものは往生が不定であるという異義が取り上げられている。従来「不学難生の異義」と呼ばれるが、「不学往生不定（学ばなければ往生できるかどうか定まらない）」と言う方が、異義の性格としては適切であろう。

右の文で、唯円はその異義に対して、阿弥陀仏の本願力の真実をあらわすもろもろの正教（経・論・釈などの正しい教えの典籍）は、「本願を信じ、念仏をもうさば仏になる」ということを示すものであって、それ以外は何の学問も必要がないのであると言い切った。

これは、第二条に、「往生の要」は、

ただ念仏して、弥陀にたすけられまいらすべしと、よきひとのおおせをかぶりて、信ずるほかに別の子細なきなり

（第十二条）

と親鸞が示されたことに相呼応する。

そして、「まことにこの道理（本願・信心・念仏・成仏の道理）に迷うような人はどれほどでも学問して本願のむねをしるべきである」と、学問の意義を明確に示された。学問の意義は、本願のむねを知ることのほかにはない。それなのに、有名になり、儲けたいために学問をする者がいるのである。

【本文③】

あやまって学問して、名聞利養のおもいに住するひと、順次の往生、いかがあらんずらんという証文もそうろうべきや　（第十二条）

【口語訳③】

〈間違って学問して、名聞・利養（有名になりたい、儲けたい）という思いに住する人は、この次の生に浄土に往生することができるだろうか、という証文（教えを表す証拠としての重要な文章）もございますよ〉

【要点解説③】

ここにいう「（往生は）いかがあらんずらんという証文」とは、おそらく、親鸞の消息や法語をま

とめられた『末燈鈔』の第六通を指すのだろう。そこには、法然の言葉が、親鸞によって伝えられている。すなわち、

故法然聖人は、「浄土宗のひとは愚者になりて往生す」と候いしことを、たしかにうけたまわり候いしうえに、ものもおぼえぬあさましき人々のまいりたるを御覧じては、往生必定すべしとてえ（笑）ませたまいしをみまいらせ候いき。ふみざたして、さかさか（賢々）しきひとのまいりたるをば、往生はいかがあらんずらんと、たしかにうけたまわりき。いまにいたるまでおもいあわせられ候うなり

（『末燈鈔』第六通）

とある。「ものもおぼえぬあさましき人々」については往生必定。それに対して、文章の沙汰をして、賢こぶった人が参ったのには、「往生はいかがあらんずらん」と法然が仰せられたと、親鸞は記している。「たしかにうけたまわりき」と直接経験の過去であり、「いまにいたるまでおもいあわせられ候うなり」と親鸞は述べた。それがここに言われている「証文」である。

また、学問して理論武装し、論争を挑んで、他宗・他門が念仏の教えを謗るのを止めさせようとするものがある。

しかし、謗られてもよいのだと親鸞は言われる。同じ『歎異抄』の第十二条に、「故聖人（親鸞）のおおせには」として次のように記されている。

【本文④】

この法をば信ずる衆生（しゅじょう）もあり、そしる衆生もあるべしと、仏ときおかせたまいたることなれば、われはすでに信じたてまつる。またひとありてそしるにて、仏説（ぶっせつ）まことなりけりとしられそうろう。しかれば往生はいよいよ一定とおもいたもうなり。あやまって、そしるひとのそうらわざらんにこそ、いかに信ずるひとはあれども、そしるひとのなきやらんとも、おぼえそうらいぬべけれ。かくもうせばとて、かならずひとにそしられんとにはあらず。仏の、かねて信謗（しんぼう）ともにあるべきむねをしろしめして、ひとのうたがいをあらせじと、ときおかせたもうことをもうすなり

（第十二条）

【口語訳④】

〈この法（ただ念仏して弥陀にたすけられまいらすべしとの教え）を信ずる衆生もあるし、謗る衆生もあるに違いないと、仏（釈尊）が説きおいてくださったことであるので、私はすでに信じ申し上げている。一方また、人がいて（この法を）謗ることによって、仏説が本当だったのだなあと知られるのです。そうであるから、往生はますます定まっていると、思い申し上げるのです。そうでなくて、謗る人がおられない場合こそは、どうしたのだろう、信ずる人はいるのに、謗る人がいないとは、と思ってしまうことでしょう。このように申すからといって、必ず人に謗られようというのではない。仏が前もって、信ずるものと謗るものと両方あるに違いないことをご存じで、人の疑いがあることがないようにしようと、説きおいてくださったことを申すのである〉

【要点解説④】

これは親鸞の言葉である。ふつう一般に、宗教は、謗られれば逆上して、より激しく相手を謗るものだと思われがちである。盛り場や酒席では、政治と宗教の話は禁物だという諺もある。

しかし、親鸞は、念仏の法は謗られてもいいのだという。それは、釈尊が、この教えを信ずるものと謗るものと両方がいるであろうことを、前もって説いておいて下さったからである。

例えば、『大無量寿経』（下巻・東方偈）に、

憍慢と弊と懈怠とは、もってこの法を信じ難し。宿世に諸仏を見たてまつれば、楽んでかくのごときの教を聴かん

（『大無量寿経』下巻・東方偈）

と説かれている。その意味は、

〈憍慢（おごり高ぶり慢心のもの）と弊（我執に弊われたもの）と懈怠（ものうく怠るもの）とは、この法を信じ難い。宿世（過去の世）に諸仏を見たてまつった（お目にかかった）ので、好んでこのような教えを聴聞するのである〉

ということだ。信ずるものだけではない。謗るものがあることによって、仏説が真実であったと知ら

れるのだという。この故に、謗られないように構えたり、学問によって論争する力をつけようとする必要はないのである。まことに柔軟な、智慧のある態度である。

では、あらためて問いたい。何のための学問なのか、と。

【本文⑤】

学問せば、いよいよ如来の御本意をしり、悲願の広大のむねをも存知して、いやしからん身にて往生はいかがなんどあやぶまんひとにも、本願には善悪浄穢なきおもむきをも、とききかせられそうらわばこそ、学生のかいにてそうらわめ

（第十二条）

【口語訳⑤】

〈学問するならば、ますます如来（釈尊）の御本意を知り、（阿弥陀仏の）悲願の広大な旨をも知って、いやしい身で往生はいかがであろう（往生ができないのではないか）などと心配する人にも、本願には善／悪や、浄らか／穢い（という分け隔て）がない趣旨を説いて聞かせなさるならばそれこそ、学生（学問をもって生きるもの）の甲斐でございましょう〉

【要点解説⑤】

学問は、名聞（有名になること）、利養（儲けること）、勝他（他人に勝つこと）のためではない。「いやしい自分のようなものは浄土往生はできないのではないか」と心配する人にも、弥陀の本願においては、善悪・浄穢の差別がない（だから、弥陀の本願によって必ず往生を遂げる）という趣旨を説いて聞かせればこそ、「学生の甲斐」であるというのである。「善悪浄穢もなかりけり」とは、親鸞が聞き取った聖徳太子（しょうとくたいし）の精神である（「聖徳太子和讃」）。

学問とは、人間の福祉（ふくし）を実践して行くものでなければならない。現代日本の学問状況はどうなっているだろうか。学問や教育のあり方が『歎異抄』によって厳しく問われていると感じられるのである。

●怖畏罪悪の異義――第十三条より

【本文⑥】

卯毛羊毛（うもうようもう）のさきにいるちりばかりもつくるつみの、宿業（しゅくごう）にあらずということなしとしるべし

（第十三条）

【口語訳⑥】

〈うさぎの毛、ひつじの毛のさきに止まっている塵（ちり）ほど小さな罪も、宿業（昔の業のもよおし）でないということがないと知らなければならない〉

【要点解説⑥】

第十三条に取り上げられるのは、いくら悪人を救う弥陀の本願であるからと言って、悪を恐れ慎まないものは「本願ぼこり」といって、往生はできないと戒める異義である。「怖畏罪悪の異義」と呼ばれてきた。

しかしこれはそもそも、「本願を疑う異義」であり、「宿業を知らざる異義」である。これによって、「卯毛羊毛のさきにいるちりばかりもつくるつみの、宿業にあらずということなしとしるべし」という親鸞の言葉が挙げられた。すべて宿業のもよおしによるとは、きわめて極端な言葉のように感ずる現代人は多いと思う。さらに、次の言葉は決定的である。

【本文⑦】

わがこころのよくて、ころさぬにはあらず。また害せじとおもうとも、百人千人をころすこともあるべし

（第十三条）

【口語訳⑦】

〈自分の心が善いから殺さないというのではない。また、害すまいと思っても、百人・千人を殺すこともあるに違いない〉

【要点解説⑦】

「わがこころのよくて、ころさぬにはあらず」とは、太平洋戦争末期のフィリピン戦の体験を小説化した、大岡昇平（おおおかしょうへい）の『俘虜記（ふりょき）』の題下（だいか）に置かれた言葉である。

ふだん我々は、自分の自由意志の判断によって何でもできると考えがちである。しかし、ひとたび感染症の流行が拡大したり、災害が起こったり、戦争が始まったりすれば、その思いがあっという間に打ち砕かれてしまうこともある。さらには、特別な異常事態でなくても、同様である。

人間は無力である。親鸞は、その実相（じっそう）を見つめている。

第十五講

声に出して読みたい『歎異抄』の名言（四）

今回は、『歎異抄』の最後「後序（ごじょ）」までの名言を拾（ひろ）ってみたいと思う。

●怖畏罪悪の異義――第十三条より（承前）

【本文①】

「うみかわに、あみをひき、つりをして、世をわたるものも、野やまに、ししをかり、とりをとりて、いのちをつぐともがらも、あきないをし、田畠（でんぱく）をつくりてすぐるひとも、ただおなじことなり」と。さるべき業縁（ごうえん）のもよおさば、いかなるふるまいもすべし（第十三条）

【口語訳①】

〈「海や河に網を引き、釣りをして世を渡るものも、野山に猪を狩り、鳥を捕って命を継ぐ人々も、商(あきな)いをし、田畠を作って（世を）過ぎる人も、ただ同じことである」と。そのようにあらねばならない業縁（おこないをなす縁）がもよおすと、どのようなふるまいもするに違いないのだ〉

【要点解説①】

これは親鸞の仰(おお)せである。「さるべき業縁のもよおさば、いかなるふるまいもすべし」と。自分の意志ではなく、業縁に左右されて生きざるを得ない人間の事実を凝視した親鸞ならではの言葉である。

【本文②】

さればよきことも、あしきことも、業報(ごうほう)にさしまかせて、ひとえに本願をたのみまいらすればこそ、他力(たりき)にてはそうらえ

（第十三条）

【口語訳②】

〈だから善いことも、悪いことも、業の報(むく)いにまかせて、ただひとえに本願をおたのみ申し上げればこそ、他力でございますよ〉

【要点解説②】

これは、右に挙げた親鸞の言葉を受けた唯円の文章である。業の報いは、改変することも誤魔化すこともできない。受けるべき業報は受けざるを得ない。善も悪も業報にまかせて（自力のはからいをさしはさまずに）、「ひとえに本願をたのみまいらす」ということこそが、他力であると言う。業縁・業報の中にあって、ただ本願に帰命する信境が表明されている。

【本文③】

本願ぼこりといいましめらるるひとびとも、煩悩不浄、具足せられてこそそうろうげなれ。それは願ほこらるるにあらずや。いかなる悪を、本願ぼこりという。いかなる悪か、ほこらぬにてそうろうべきぞや。かえりて、こころおさなきことか

（第十三条）

【口語訳③】

〈「本願ぼこり（は往生できない）」と、戒めておられる人々も、煩悩不浄を具備満足なさって（欠けることなく完全に具えて）おられるようではないですか。それは、願にほこっておられるのではないですか。どのような悪を本願ぼこりと言う（のでしょうか）。どのような悪が（本願に）ほこらないのでありましょうか。（戒める方が）逆に、心が幼い（幼稚である）ということか〉

【要点解説③】

「本願にあまえてつけあがる本願ぼこりは往生できない」と言って他人を戒める人自身も、実は、煩悩不浄を具足している。自分をよく省みもしないで、他人を戒め責めるということ自体、逆に心が幼稚だということではないか、と唯円はこの条を結ぶ。

●念仏滅罪の異義――第十四条より

【本文④】

この悲願ましまさずば、かかるあさましき罪人、いかでか生死を解脱すべきとおもいて、一生のあいだもうすところの念仏は、みなことごとく、如来大悲の恩を報じ徳を謝すとおもうべきなり
（第十四条）

【口語訳④】

〈この（阿弥陀仏の）悲願がおありでないならば、この（私の）ようなあさましい罪人が、どうして生死（輪廻、循環する迷い）を解脱できようか（生死から解脱できるのはひとえにこの悲願のお陰である）と思って、一生のあいだ申す念仏は、みな悉く、如来大悲の恩（めぐみ）にお返しし、徳に感謝する（おこないである）と思うべきである〉

【要点解説④】

この条は、罪を滅するために念仏申さなければならないという「念仏滅罪の異義」を取り上げている。罪がある限り生死を解脱すること（浄土往生）はできないという考えが前提にあって、だから滅罪のために心から念仏申すべしと異義は主張する。しかし、そうではない。どれほど我らが罪業深くとも、阿弥陀仏の悲願は、それをものともせず、我らをして生死から解脱させてくださる。それが浄土往生の歩みである。

だから、罪の身の自覚があればこそ、「罪悪深重・煩悩熾盛」の衆生のための阿弥陀仏の悲願に対して、ますます報恩謝徳の心から念仏を申すのである。「たすけてください。なむあみだぶつ」ではない。報恩の称名こそ、親鸞が実践された念仏である。

【本文⑤】

つみきえざれば、往生はかなうべからざるか。摂取不捨の願をたのみたてまつらば、いかなる不思議ありて、罪業をおかし、念仏もうさずしておわるとも、すみやかに往生をとぐべし。…（中略）…つみを滅せんとおもわんは、自力のこころにして、臨終正念といのるひとの本意なれば、

他力の信心なきにてそうろうなり

（第十四条）

【口語訳⑤】

〈罪が消えなければ往生はかなわないのだろうか。摂取不捨の願をたのみたてまつると、どのような思議せざることがあって罪業をおかし、念仏申さずして（命が）終わっても、速やかに往生を遂げるに違いない。…（中略）…罪を滅しようと思うのは、自力の心であって、臨終に正念であるように（臨終に心が落ち着いて阿弥陀仏の来迎にあずかるように）と祈る人の本意（本心）であるので、（すべて阿弥陀仏の本願にお任せする）他力の信心がないのでございます〉

【要点解説⑤】

日頃、摂取不捨の誓願に帰命しているから、どのような不慮の死であっても、速やかに浄土往生を遂げるのである。

我々は死に際を選べない。死に際に救いを期待するのではなく、平生（日常）に、弥陀の本願を信じることこそが重要である。

本願を信ずるその時に救いを獲る。これが親鸞の現生正定聚（この生に於て、仏に成るべき身に定まった人々の数に入る）の教えである。

●即身成仏の異義――第十五条より

【本文⑥】

信心のさだまるときに、ひとたび摂取してすてたまわざれば、六道に輪廻すべからず。しかればながく生死をばへだてそうろうぞかし

【口語訳⑥】

〈信心の定まる時に、（阿弥陀仏の光明は）ひとたび摂取してお捨てにならないので、六道に輪廻することがあるはずがありません。だから、ながく生死を隔てるのでございますよ〉

【要点解説⑥】

この身このまま仏なりという「即身成仏の異義」に対して、信心が定まる時に、煩悩具足の身のままに阿弥陀仏の光明の摂取不捨の利益を受けて、生死を隔てるのであるという。これは、現生（現在の一生）における救い（現生正定聚）を説いているのである。

●自然回心の異義――第十六条より

【本文⑦】

一向専修のひとにおいては、廻心ということ、ただひとたびあるべし（第十六条）

【口語訳⑦】

〈一向専修のひとにおいては、回心ということは、（一生に）ただ一度あるべきです〉

【要点解説⑦】

第十六条は、信心の人が、過ちを犯してしまったたびに、必ず回心しなければならないという異義が取り上げられている。それでは、毎日毎日、回心しなければならなくなってしまう。

これに対して、唯円が述べたのが右の言葉である。

回心とは、本願他力真宗を知らなかった人が、阿弥陀仏の智慧をいただいて、日頃（日常）の心（自我中心の心）では、往生が叶わないに違いないと思って（気づかされて）、もとの心（自力のはからい）を転換して、本願をお頼み申し上げることである。

だから、回心とは、何度もあるものではない。一生一度の大きな出来事である。

【本文⑧】

すべてよろずのことにつけて、往生には、かしこきおもいを具せずして、ただほれぼれと弥陀の御恩の深重（じんじゅう）なること、つねはおもいいだしまいらすべし。しかれば念仏ももうされそうろう

（第十六条）

【口語訳⑧】

〈総じて万事について、往生のためには、理知のおもいを持たないで、ただほれぼれと弥陀の御恩が深重であることを、つねに思い出し申し上げるべきである。そうすれば念仏も申されるのでございます〉

【要点解説⑧】

「ただ、ほれぼれと」阿弥陀仏のご恩を思い出すことによって、念仏もおのずから申されるという。

「ほれぼれと」とは、『歎異抄』にだけ見られる信心の独特な表現である。

● 辺地堕獄の異義――第十七条より

【本文⑨】

如来に、虚妄をもうしつけまいらせられそうろうなれ　（第十七条）

【口語訳⑨】

〈如来を嘘つきだと申し上げられるのではございませんか〉

【要点解説⑨】

第十七条には、「化土（方便の浄土）に往生を遂げる人は、最終的には地獄に堕ちるに違いない」という異義が取り上げられた。「辺地堕獄の異義」である。真の信心の行者が少ない故に、まず化土に生まれて、ついには報土（真の浄土、「無量光明土」）に生まれるようにと如来がお計らいくださった教えであるのに、「ついには地獄に堕すべし」と言うことは、如来が嘘をついたということになるではないか。「だれだれに虚妄を申し付ける」とは、「だれだれを嘘つきだと主張する」ということである。仏語を虚妄とすることは決してあってはならないことだ。

●施量別報の異義――第十八条より

【本文⑩】

一紙半銭も、仏法のかたにいれずとも、他力にこころをなげて信心ふかくは、それこそ願の本意にてそうらわめ（第十八条）

【口語訳⑩】

〈紙きれ一枚、銭半分も仏法の方に（施し）入れなくても、他力に心を投げて信心が深ければ、それこそ（弥陀の）願の本意でしょう〉

【要点解説⑩】

教義を悪用して高額な寄付を要求するカルト宗教に対して、ただ信心のみが要であると明確に言い切っている大事な言葉である。そして、「すべて仏法にことをよせて世間の欲心もあるゆえに、同朋をいいおどさるるにや（総じて、仏法にかこつけて、世間の欲心もある故に、念仏の教えの仲間を脅しているのではないか）」と結ぶ。「世間の欲心」こそ、カルト的異義を生むものである。

●たまわりたる信心——後序より

【本文⑪】

源空が信心も、如来よりたまわりたる信心なり。善信房の信心も如来よりたまわらせたまいたる信心なり。されば、ただひとつなり。別の信心にておわしまさんひとは、源空がまいらんずる浄土へは、よもまいらせたまいそうらわじ　（後序）

【口語訳⑪】

〈源空の信心も如来よりいただいた信心である。善信房（青年時代の親鸞）の信心も如来よりいただいた信心である。だから、ただ一つである。別の信心でおられるひとは、源空が参る浄土へは、まさかお参りにはなられないであろう〉

【要点解説⑪】

ここからは、『歎異抄』全体を結び、撰述意趣（著作の因縁・目的・願い）を述べる「後序」の文である。まず右に挙げたのは、法然（源空）の言葉である。善信（若き親鸞）と法然聖人の信心が、同じか違うかという門弟同士の議論（「信心一異の諍論」）について、最終的判断を求められた法然は、「如来よりたまわりたる信心」であるから同一であると答えられた。この体験が、「親鸞は弟子一人ももたず候」（第六条）という言葉を生み、「教も行も信も証もすべて如来の回向である」（『教行信証』）と提言する根拠となったのである。

【本文⑫】

弥陀の五劫思惟の願をよくよく案ずれば、ひとえに親鸞一人がためなりけり。されば、それほどの業をもちける身にてありけるを、たすけんとおぼしめしたちける本願のかたじけなさよ（後序）

【口語訳⑫】

〈阿弥陀仏が五劫のあいだ思惟された願をよくよく考えてみると、ただ親鸞一人のためだったのだな。そうであるから、それほどの（阿弥陀仏に本願を建てさせるほどの）業を持った身（自分）であったのを、たすけようと思い立ってくださった本願がなんとかたじけないことか〉

【要点解説⑫】

これは親鸞が常に仰っておられた言葉である。「それほどの業」を持った身の自覚において、弥陀の本願のかたじけなさよといただく。親鸞の信心はこれ以外にはない。

【本文⑬】

善悪のふたつ総じてもって存知せざるなり。…（中略）…ただ念仏のみぞまことにておわします（後序）

【口語訳⑬】

〈（私は）善と悪の二つ（について）、すべてまったく存知しません。…（中略）…ただ、念仏だけが真実でおありです〉

【要点解説⑬】

親鸞の言葉である。如来の御恩を思うことなしに、善悪を知っているような顔をして自是他非を主張しあっている我々は、本当は何も知らない。

親鸞は言う、「煩悩具足の凡夫（がいる）、火宅無常の世界は、万事が万事みんな、虚言・戯言で、真あることなし。（その中に）ただ念仏のみぞ真にておわします」と。これは、聖徳太子の「世間虚仮、唯仏是真（世間は虚仮である、唯だ仏のみ是れ真なり）」ということを承けて、念仏において「唯念仏是真」と伝燈相承したことばである。

第十六講 清沢満之と『歎異抄』

『歎異抄』は、明治時代の中葉以後に、特に急速に人々に知られることとなった。それに大きく貢献したのは、清沢満之（一八六三〜一九〇三）であり、近角常観（一八七〇〜一九四一）や、暁烏敏（一八七七〜一九五四）ら浩々洞（清沢とその門人の集い）の同人達であった。

今回から、その人々が『歎異抄』の教えをどのように受け止めていたのか、その一端をたずねてみよう。まずは、清沢満之である。

●清沢満之の生涯概観

清沢満之は、明治に活躍した真宗大谷派の僧侶、哲学者、教育者である。文久三年、名古屋に生まれた。父・徳永永則は尾張藩の足軽、明治以後は茶の行商を業とした。母・タキは浄土真宗の篤信な聞法の人だった。

清沢は、幼少より学に志があり、明治一一（一八七八）年、学問をしたいがために、一六歳で真宗大谷派の僧籍に入り、東本願寺育英教校に入学。明治一四年、東本願寺から東京留学を命ぜられ、東京大学予備門に入り、明治二〇年には、東京大学文学部哲学科を首席卒業。続いて大学院に進学（専攻は宗教哲学）。その傍ら、第一高等学校及び哲学館（現・東洋大学）で教鞭をとった。

翌明治二一年、宗門の要請により、東本願寺が経営を担う京都府立尋常中学校長となった（同年、清沢ヤスと結婚。愛知県三河大浜、現・碧南市の西方寺に入る）。翌年、校長を辞職して禁欲生活に入り、修道と研究に沈潜した（この時期、仏典・聖教を熟読し、特に『歎異抄』に親しむようになった。稲葉昌丸記）。明治二五（一八九二）年、日本人初の宗教哲学書である『宗教哲学骸骨』を著した（これは英訳され、一八九三年、シカゴ万博に伴って行われた万国宗教会議に紹介されて高い評価を得た）。

その後、真宗大谷派宗門改革運動に邁進（機関誌『教界時言』を発刊）したが、運動は挫折（明治三一年）。明治三三年、東京・本郷に青年求道者と共に浩々洞を開き、市民に仏教を公開する日曜講演を行い、また宗教雑誌『精神界』を発刊して精神主義を提唱した。明治三四年一〇月、東京・巣鴨の地（現・豊島区上池袋一丁目宮仲公園付近）に、「自信教人信（みずから信じ人に教えて信ぜしむ。本願他力の信念を確立し、

清沢満之師

その信念を伝える）の誠を尽くすべき人物を養成することを特質」（「開校の辞」）とする真宗大学を開設し、初代学監（学長）となった。翌年一一月、辞職し、西方寺に帰る。明治三六（一九〇三）年六月六日、同寺にて没。四一歳（満年齢では、三九歳一一ヵ月）であった。

その生涯において、学究、教育者、宗門改革運動家、大学の学長を経験し、真宗の信心に生きて多くの求道者を育てた。日本近代の黎明期に多彩な活動をした、まれな思想家である。絶筆「我はかくのごとく如来を信ず（我が信念）」は、彼の「絶対他力の信心」を明らかに述べた珠玉の名文である。

●ただ、よき人の仰せを信ずるのみ――第二条――

そのような清沢満之の信心を生んで育てたのが、『歎異抄』である。満之の日記『臘扇記』（明治三一年一一月二日）には、次のように記されている。

嶺城老人来り問うて曰く、予齢七十五に達せりと雖も、尚お前途の希望甚だ明瞭なる能わず、子は如何と。

答えて曰く、生も亦然り、死後は七珍萬寶の楽土ありて生ずべきや、或いは鼎鑊剣林の奈落ありて堕すべきや、その楽土奈落の有無も未だ確信する能わず。只だ『歎異抄』の一段「念仏は極楽に参るべき種なるや、地獄へ落つべき種なるや、総じて以て存知せず、只よき人の教を信ずるのみ」とあるに信服す云々

（『臘扇記』明治三一年一一月二日）

（原文には『歎異鈔』とあるが、『歎異抄』に統一する。また、常用漢字・現代仮名遣いを用い、振り仮名・送り仮名・句読点を適宜補った。以下同）

と。ここに、満之の『歎異抄』観がよく表れている。これは、『歎異抄』第二条の、

親鸞におきては、ただ念仏して、弥陀にたすけられまいらすべしと、よきひとのおおせをかぶりて、信ずるほかに別の子細なきなり。念仏は、まことに浄土にうまるるたねにてやはんべらん、また、地獄におつべき業にてやはんべるらん。総じてもって存知せざるなり。たとい、法然聖人にすかされまいらせて、念仏して地獄におちたりとも、さらに後悔すべからずそうろう（第二条）

という親鸞の仰せを受け止め、それを咀嚼したところから出てきた言葉であろう。

「嶺城老人」とは、『臘扇記』の同日、その文の直前に、

太田嶺城　氏齢七十有五、過日来近寺に来錫し、二十九日より今朝迄我が堂に説教せるなり。先ず道心深き人なり

（『臘扇記』明治三二年一一月二日）

とあり、太田嶺城という人であることが分かる。太田は、およそ四〇歳も年下の清沢に、「自分は七五歳にもなるが、なお未来のことが不安である。あなたはいかがですか」と問うた。

これに清沢は、「私もまた、そうです。死後は金銀財宝あふれる極楽浄土に生まれられるのか、あるいは釜で煮られたり剣の林で責め苦にあう地獄があって、そこに堕ちなければならないのか。その極楽と地獄が有るのか無いのかも、いまだ確信できません。ただ『歎異抄』の一段に『念仏は極楽に参るべき種なのか、地獄へ落つべき種なのか、まったくもって知りません。ただ、よき人の教えを信ずるのみ』とある言葉に信服するのみです」（取意）と答えたというのである。

まことに正直な問いであり答えである。実験（実際に経験したこと）・実感からの言葉であり、少しの虚飾もない。その姿勢は、『歎異抄』に通じる。特に、第九条・第十三条にある親鸞と唯円との対話の如くである。清沢満之は、客観的・教理的な問題としてでなく、主体的・実際的に『歎異抄』を読み、味わっている。「宗教は主観的事実なり」（明治三四年『活世界』）と述べた清沢ならではである。同じ時期の日記（『臘扇記』明治三一年一〇月二八日）には、かつて行った『孟子』の学習について、次のように述べている。

> 予嘗て師教の下、孟子会読（読解）の席にあり、章を論じ、句を議し、余念あることなく、或いは彼の解に参じ、或いは此の註に考え、以て孟子を解する事なれりと思えり。然るに之を今日より回想するに全く文段語句の上において、拘拘然（こだわること、また、その様子）たりしものに過ぎじ。孟子の真意を解し、其の実学を修するに於いては最も遠かりしなり。今の世の客観的事実の考証に専従せるもの、夫れ亦彼の（客観的事実の考証に専従せるものが）、予の前に（私が以前に）、孟子の会読に従事せるものに庶幾からずや
>
> （『臘扇記』明治三一年一〇月二八日）

と、客観的事実の考証（研究）をもって事足れりとすることを戒めている。その要点は、文章の段落や語句の意味を詮索し、注釈書を読んで『孟子』を解かったと思ったのは間違いであった。『孟子』そのものの真意を知って、実際において実行することこそが『孟子』を読解することであるというのだ。まことに「精神主義は、実行主義である」との面目躍如たるものである。

●悪人の宗教――第三条――

また、罪悪のままの救済という親鸞の教えについて、次のように述べられたと、教え子（安藤州一）は証言する。

明治三四年九月三日に、加賀から浩々洞に帰着した暁烏敏は、上京の途次、名古屋の千種監獄を訪ねたという話を持って来た。それは、名古屋で九人を斬って逃げ、四国で逮捕された折に、『精神界』第八号を懐中に持っていたという死刑囚に面談するためだった。彼は死刑囚に、悪人をも救済する如来大悲を語った。そこに、教誨師が来て、「われらの教誨の趣旨は、なるべく倫理的に道徳的に話すので、囚人に説くところは罪悪のままの救いよりも、むしろ倫理的になれ、道徳的になれと勧告するばかりである」と言ったというのである（取意）。それを聞いて、

先生曰く。今の教誨師は概ねかかることを説くと見ゆ。是れ瀕死の罪人に向かって鉄槌を加うる

なり。罪に泣く人に向かって罪を責む。嗚呼亦惨なり。彼ら安んぞ救済の門に入るを得んや。我らの宗教は倫理の宗教に非ず。いよいよ悪人の宗教と銘打たんかな

（安藤州一記『清沢満之全集』八―四五二、法蔵館）

このように言われた「先生」とは、清沢である。これは、『歎異抄』第三条の悪人正機の教えを彷彿とさせる。そこには、

煩悩具足のわれらは、いずれの行にても、生死をはなるることあるべからざるをあわれみたまいて、願を起こしたもう本意、悪人成仏のためなれば、他力をたのみたてまつる悪人、もっとも往生の正因なり

（第三条）

と言われている。「倫理の宗教に非ず」、まさしく「悪人の宗教」である。また、瀕死の罪人に鉄槌を加え、罪に泣く人にその罪を責めるということを悲惨となげく心情は、

かなしみにかなしみをそうるようには、ゆめゆめとぶらう（弔問する）べからず

（『口伝鈔』第十八条）

と教えられた親鸞の情と通ずることを私は感ずる。

●倫理以上の救い――後序――

当時、宗教と倫理の関係がいかにあるべきかという問題がさかんに議論される中で、清沢満之は、「倫理以上の安慰」（明治三四年九月発行『精神界』）、「倫理以上の根拠」（明治三六年一月発行『精神界』）という論文を発表している。その趣旨を裏付ける満之の言葉が伝えられている。

> 倫理の上に立脚地を持つものは倫理に躓きて地に倒れたる時、再び立つ能わざるなり。忠孝の牆壁にぶつかった時その壁を乗り越す能わざるなり。如来に憑るものは、如来の上に立脚地を有す。如来の為さしめたもう所は、只管感謝して、その指導に一任して進むべきなり。親鸞聖人は如来に依憑せし人なり。自己の行為に就いては、そが善なるか悪かを推測せざりき。「親鸞におきては、善悪の二つ、総じて以て存知せざるなり」との給えり。聖人は自我を棄てたる人なり。凡てを如来海中に投じたる人なり。「心を弘誓の仏地に樹て、情を難思の法海に流す」と宣言し給えり。聖人は不幸にして流罪に遇い給えり。されど、凡てを如来にまかせたる聖人の前には、そが決して不幸にはあらざりき。「是れ尚お師教の恩致なり」と喜びて、一躍してその牆壁を乗り越し給いき。是れ則ち如来に憑るものの態度なり
>
> （安藤州一記『清沢満之全集』八―五〇九）

というのである。如来に帰命することによる、善悪を超えて生きる信心の自由を述べている。ここに

「善悪の二つ、総じて以て存知せざるなり」とは、『歎異抄』「後序」にある親鸞の言葉である。

また、次のような清沢の言葉が記録されている。倫理に対する人の精神態度に、「倫理以上（倫理を超えるもの）」と、「倫理に位す（倫理を立場とするもの）」と、「倫理以下（倫理を破るもの）」という三種類があるとして、

> 倫理以上の人は、唯だ如来威神力の活動あるを知りて、その他を知らざるなり。是非なく善悪なく、順逆の境なし。親鸞聖人の所謂「親鸞に於いては、善悪の二つ、総じて以て存知せざるなり」則ち是なり。唯だ如来の為さしめ給うままに動くのみ。是非善悪の念を離れて、超然として倫理以上に居る。故にいかなる境遇に会するも、決して苦悶あることなきなり
>
> （安藤州一記『清沢満之全集』八―四七三）

というのである。ここにも、『歎異抄』「後序」の同じ言葉が挙げられているのである。

清沢満之の愛弟子である暁烏敏は、『歎異抄』講説の記念碑的名著として大好評を博し、今も読者の絶えない『歎異抄講話』（明治四四年初版、無我山房）の冒頭に、

> 本書の精読を私に勧めてくださったのは故清沢先生であった。明治仏教は本抄によって復活した。本抄を明治の教界（宗教界・思想界）に紹介したのは清沢先生であった。今回本書を公にするについても、故先生を追懐することが頻りである
>
> （暁烏敏『歎異抄講話』例言四）

と記している。清沢満之がなければ、現代人にとって『歎異抄』はなかっただろうといっても、決して過言ではあるまい。

第十七講 近角常観と暁烏敏の『歎異抄』観

前回は清沢満之の『歎異抄』観をたずねた。今回はさらに続いて『歎異抄』を近代日本に広めた先覚者として、近角常観と暁烏敏に触れたい。彼らは、どのように『歎異抄』を受け止めただろうか。

●近角常観と暁烏敏

近角常観（一八七〇～一九四一）は、明治中期から戦前まで活躍した真宗大谷派僧侶、仏教思想家・運動家、求道者である。彼は、滋賀県東浅井郡（現・湖北町）にある真宗大谷派寺院の西源寺に生まれた。父・常髄は仏法を喜び住職として親しく門徒の教化にあたり、母・雪枝も慈愛の人であった。東本願寺の命によって育英教校から東京に留学し、東京帝国大学を卒業した。清沢満之の後輩であり、宗門改革や愛山護法の運動に挺身した。また、東京・本郷の求道学舎、求道会館に於て学生・知識人を感化し、『歎異抄』を中心として、親鸞の信仰の普及に努めた人である。

暁烏敏師

近角常観師

彼は、東京帝大在学中に、清沢満之の飛檄に呼応して宗門改革運動に参加したが、挫折し学業に復帰した。明治三〇（一八九七）年、深刻な煩悶の果てに、筋炎（『歎異抄愚註』近角常観の生涯、木村雄吉記による）に罹り、その療養中に回心した。翌年、大学を卒業し、仏教徒国民同盟会の活動後、渡欧。明治三三年、『信仰の余瀝』出版（これには「宗教は人心をしてその根蔕を自覚せしむるものなり」で始まる清沢満之の序文が寄せられた）。明治三五年に帰国後、求道学舎を開設。明治三八年出版の『懺悔録』末尾に、『歎異抄』を添えて推奨した。その後、『求道』誌に、『歎異抄』の解説をはじめた（第十三条までで中断。第九条までが明治四二年刊『歎異抄講義』としてまとめられた）。大正四年には求道会館が落成（設計は武田五一）し、そこを拠点に活躍した。

後、さらに筆を改めて、雑誌『信界建現』に『歎異抄』の講述を開始（昭和五年）。昭和六年に脳溢血で倒れてからは、妻・きそ子が筆記し、昭和一三年一一月擱筆（『信界建現』終刊。その年の九月、長男・文常が中国・廬山で戦死）。昭和一六年、逝去。行年七一歳。没後四〇年を経て出版された

『歎異抄愚註』（昭和五六年刊）は、近角の『歎異抄』解説の総決算であり、『教行信証』との関係において『歎異抄』を読む視点を提示している。

暁烏敏（一八七七〜一九五四）は、清沢満之の愛弟子にして、詩歌に堪能、かつ宗教的情熱あふれる仏教者である。彼は、明治一〇年、真宗大谷派明達寺（現・白山市北安田）住職で説教に通じた父・依念と教育熱心な母・千代野との間に生まれ、一〇歳にして父と死別。寺の後継者としての期待を受け、京都大谷尋常中学校に編入して、清沢満之に出遇った（明治二六年）。明治二九（一八九六）年、当時京都にあった真宗大学本科に入学し、翌年、清沢満之の宗門改革運動に参加。明治三三年、真宗大学を卒業し、東本願寺留学生として東京外語大学で二葉亭四迷に露語を学ぶが中退。同年、近角常観の留守宅に清沢満之が主宰した浩々洞に入り、明治三四（一九〇一）年、『精神界』刊行を発案し、清沢の精神主義を大いに鼓吹。清沢滅後は、浩々洞代表となった。

明治三六年一月から八年間に亙り、『精神界』に「『歎異抄』を読む」を連載し、『歎異抄』を世に広めた（これが、明治四四年に『歎異抄講話』として刊行された）。後、眼病を患い六〇歳代で失明したが、生涯かけて全国各地に情熱的に講演し続け、多くの信者を獲得した。昭和二六（一九五一）年、請われて真宗大谷派宗務総長に就任し、「念仏総長」とあだ名されるほどに「ただ念仏」をもって全国を巡って伝道し、わずか一年で宗派の財政を立て直して引退した。昭和二九（一九五四）年、明達寺に清沢満之と自身の木像を安置する臘扇堂を建立・落慶。その七日後に逝去。行年七七歳であった。

近角も暁烏も、ほぼ同時期に『歎異抄』を世に広めたのであるが、両師のその活動の源泉は、清沢満之との出遇いであった。これから、両師の『歎異抄』観を探ってみよう。

●実験の宗教

近角常観の『歎異抄』観は、「実験」に尽きる。近角は言う。『歎異抄』は、「実に聖人の信仰を味わうについて大切の書物であります」（『懺悔録』第一章　緒言）と。そして、

> その味わうというは、講釈や理屈では一向価値の無いことである。凡そ説教を聞くにも、又聖教を読むにも、唯言葉を聞き理屈をならべていると、何を聞いても何を読んでも、唯そのことを聞き流して仕舞って、我精神には少しも役に立たぬ。必ず之を内心に省み、自分の身の上に照らして味わって行かねばならぬ。抑宗教は実験である
>
> （『懺悔録』第一章　緒言）

と言うのである。実験を重んずることは、清沢満之と同様であった。さらに、

> 聖人の実験を、心易く書き顕したのが此の『歎異抄』であるから、この抄を講ずるというても、之を高尚の道理から論ずるのではない、唯聖人の信仰の結晶として之を味わうのである
>
> （『懺悔録』第一章　緒言）

とし、

信仰は、議論や理屈の間接なる手段では到底味わうことは出来ぬ。直ちに仏陀と接する直接の実験によってのみ味わわれたるものである。この『歎異抄』の如きは、この見地に立って拝読しなければ、恐らくは一言一句をも了解することは出来ぬであろう　（『懺悔録』第一章　緒言）

と述べているのである。

●「自分が悪人」の自覚と救済

さらに、近角は、『歎異抄』の特徴が、悪人の救済にあると言い切る。

最も何人も眼に着くは、悪人救済と云うことを、如何にも大胆に断言し去った点である。蓋し是は『歎異抄』の特徴の第一に数えねばならぬ点であろう　（『懺悔録』第二章　罪悪と救済）

と。しかも、悪人とは、「他人のことでなく自分のことであると、内心に感ずることがなければならない」（同上）とし、その悪人の自覚に於て「『歎異抄』が真実自分の生命になり、光明になりてくださる」（同上）と言う。逆に言えば、「自分は左程の悪人ではないという考え方の人にとっては『歎異抄』は無用である」（同上）。

さらに、

読者自身、自己が罪悪の極みにして、かつ如来の御恩に浴せるものなりとの信仰を達せらるることである

（『歎異抄講義』序説）

という。罪悪の自覚がなければ如来の御恩を味わうことはできないというのである。

●前後照応『歎異抄』と「如来の御恩」

また、近角の『歎異抄』観として、「前後照応『歎異抄』」ということを忘れてはならない。仙台求道会で編纂された、阿刀田令造（あとうだれいぞう）編『歎異抄』（昭和五年）講本には、「わが師近角常観先生の御見解に拠り」として、師訓篇と歎異篇が上下対照の形式で示されているのである（また、『歎異抄愚註』も同様である）。

師父常観はこの講本を手にして「前後照応『歎異抄』」と称して微笑んでいた姿が目に浮かびます

（『歎異抄愚註』あとがき）

と、木村雄吉は記している。それは、前半の親鸞（しんらん）の言葉の部分である師訓篇の条々が、実は、後半の唯円の文章になる歎異篇の条々の証文であるとする見解である。

ここで、彼の『歎異抄』観を最もよく表す一文を紹介したい。

文常が廬山の土となれるは、五劫思惟の御苦労を私に知らせんが為である。愛別離苦の悲しみは私の業報の深きを知らせんが為である。よくよく罪が深ければこそ、吾子にまで、此の如き苦労をさせたのである。それを苦労とも思わずして、老いたる親を哀れみつつ廬山の土となったかと思えば、これこそ如来捨身の御姿と合掌するのである。此の如来の御恩を感謝し、我身の此の罪悪を懺悔せば、世の善悪邪正を論ずべきではない。兎角よしあしの沙汰をするのは、仏天の高きを知らず、業海の深きを自覚せぬからである

（昭和十三年十一月二十日発行『信界建現』第六十一号、『歎異抄愚註』三八〇頁）

と。これは、長男・文常を喪った近角常観の、「如来の御恩」についての実際的領解であった。

●ただ一冊の本『歎異抄』

暁烏敏は、きわめて大胆かつ率直である。以下、彼の『歎異抄講話』によってたずねてみたい。

『歎異抄講話』はいきなり、

本書の著者は、傲慢な、横着な、名誉心の強い仕様のない男である　（『歎異抄講話』序）

と始まる。自分の著書にこのような文を書ける人は、暁烏の他にはない。さらに、

本書は、著者が自己弁護のために聖典の盾にかくれようとして書いたものである　（『歎異抄講話』序）

という。ふつうには、「聖典を自己弁護に用いてはいけない」と言うべきところ、全く逆である。しかし、だからこそ、彼自身にとって『歎異抄』しかないというのである。

暁烏は、カントの『純粋理性批判』、ダーウィンの『種の起源』、ダンテの『神曲』、ミルトンの『失楽園』、インド古代の『ウパニシャド』、ゾロアスター教の『ゼントアベスター』、イスラム教の『コーラン』、孔子の『論語』、王陽明の『伝習録』、佐藤一斎の『言志録』、キリスト教の『四福音書』、原始仏教経典の『阿含経』、大乗経典の『法華経』・『維摩経』、源信の『往生要集』、法然の『選択集』、エピクテタス『デウィスコース』、日蓮の『日蓮遺文』という世界有数の名著の名を挙げて、それらよりも、「もっともありがたいのは『歎異抄』である」と言い切って、

もし私をして、一冊の書物を携えて離れ島に行けという人があるならば、…（中略）…（これらの名著を）私は何も持たないでもこの『歎異抄』を一部持ちさえすれば結構である

（『歎異抄講話』第一章　緒言・第一項「『歎異抄』の世界的意義」）

と言明する。

それほどの価値のある本ならば、だれのことばが記されたのか。それは、本当に親鸞の言葉なのか。これについても、暁烏は大胆にも、

『歎異抄』に書いてあることが、たとい歴史上の親鸞聖人の意見でないにしたところが、そんなことはどうでもよい。もし歴史上の親鸞聖人が、『歎異抄』のような意見を持たなかった人であるとすれば私はそんな親鸞聖人には御縁がないのである。…（中略）…私の渇仰する親鸞聖人はこの『歎異抄』の人格化したる人でなくてはならぬ

（『歎異抄講話』第一章　緒言・第二項「本抄の作者」）

と言う。『歎異抄』の言葉が、本当に親鸞のものであるかどうかは関係がない。暁烏にとっては、『歎異抄』の言葉を言った人が親鸞であるというのである。

まことに、主体的である。わがまま勝手であると批判されるかもしれないが、一冊の本との出遇いとはそのようなことではないか。また、一人の師（善知識）との出遇いもまた、そのようでなければならない。他にも何か善い本があるだろうか、他に誰か善い師がいるだろうかと、眼移りしつつ探すようなものではない。

●白米中の白い砂――宗教と道徳――

清沢満之の最愛の弟子であった暁烏は、師と同じく、宗教的信念ただ一つに懸けて、倫理・道徳と厳しく対決する。

暁烏は次のように言う。

> **精米と白砂とは、はなはだよく似たものであるが、御飯の中に一粒の白砂がまじっていても、人を害するのである。宗教と道徳とは、はなはだよく似たものであるが、宗教の信念の中には、少々の道徳が混乱してもよろしくないのである**
>
> （『歎異抄講話』第十七章「回心。道徳の根底としての信仰」）

と。まことに、譬えの達人である。さらに、

> **ちょうど米を搗かして白うするに、砂をまぜて搗くはよいが、いよいよ米が搗きあがったうえは、一粒の砂も、米とともに止めておくべからざるように、信念の精神には道徳は必要であるが、いよいよ信念の天地にはいった後は、一点の道徳心も大いなる妨げをするのである**
>
> （『歎異抄講話』第十七章「回心。道徳の根底としての信仰」）

と言う。これは清沢の最晩年の二編「宗教的道徳（俗諦）と普通道徳との交渉」、「我はかくのごとく如来を信ず（「我が信念」））」を彷彿（ほうふつ）とさせる。まことに清沢あればこその、暁烏敏の『歎異抄』観である。

第十八講 金子大栄と曽我量深の『歎異抄』観

『歎異抄』が現代日本人によく知られるようになったのは、清沢満之と、その有縁の人々の尽力による。彼らはどのように『歎異抄』を読んだのか。

今回は、清沢の精神を継承して、近代日本の仏教学、特に真宗の学に大きな足跡を残した金子大栄（一八八一～一九七五）と曽我量深（一八七五～一九七一）の『歎異抄』観をたずねたい。

●金子大栄の生涯

金子大栄は、明治末から昭和期に活躍した真宗大谷派の学僧である。彼は、一八八一（明治一四）年、新潟県高田（上越市）の真宗大谷派最賢寺に生まれた。清沢満之が東京に開学して初代学監となった真宗大学に学び、清沢の精神主義に触れ、浩々洞の同人の中でも特に曽我量深に出遇い、生涯彼に学んだ。

曽我量深師　金子大栄師

その後、『精神界』編集責任者を経て、京都・真宗大谷大学の教授になるが、一九二八（昭和三）年、著書『如来及び浄土の観念』、『浄土の観念』が異安心に問われ罷免。真宗大谷派の僧籍をも剥奪された。三年間、広島文理科大学（現・広島大学）で教鞭を執り、また、京都鹿ケ谷に曽我量深らと興法学園を開いて研鑽。

一九四四（昭和十九）年、真宗大谷派講師に任ぜられ、大谷大学教授に復帰。第二次大戦後、GHQ指令により辞職したが、その後、大谷大学名誉教授となる。一九六三年、真宗大谷派宗務顧問となった。仏教・浄土真宗を、封建的教学から解放し、広範な学識と深い自己省察にもとづく信仰によって受け止め直して、親鸞の思想を思想界・信仰界に普及させた。一九七五年、逝去。行年九五歳。著書は、『仏教概論』、『真宗学序説』、『歎異抄領解』、『歎異抄聞思録』、『教行信証講読』、『金子大栄選集』（全二三巻）、『金子大栄著作集』（全一六巻）等多数ある。

●岩波文庫『歎異抄』

『歎異抄』に関わる金子大栄の功績は、日本有数のベストセラーである岩波文庫『歎異抄』の出版（一九三一年初版）である。これは、「本書の編成については、とくに興法学園の諸君を煩わした。学園諸君の功を記して置きたい」とその冒頭（「例言」）に記された如く、曽我量深・金子大栄に学んだ安田亀治（理深）・松原祐善・山崎俊英ら興法学園同人が作業し、金子の校註・解説が付されて出版された。

この冊子こそ、徴兵された青年達が、背嚢の底に忍ばせて戦地に赴き、南のヤシの葉蔭や、北の蛸壺の中でむさぼり読んだ『歎異抄』だったのである。生きて日本に帰れたら、是非この書を研究したいとの願いを実現した一人が、本講座第二講でも紹介した安良岡康作氏（国文学）であった（また、興法学園からは、江戸期の東本願寺高倉学寮の俊才、丹山順藝の『称名信楽二願希決』、『読言南無者釈義』を収録する名著『宗典研究』も出版され、真宗学の学的水準とされてきた）。

●業苦の感知と大悲の信

次に、金子の『歎異抄』観の特徴をたずねたい。金子は、

> 空飛ぶ鳥、地を走る獣、木の葉をはむ蟲、水に躍る魚、いずれも害し合わねば生きられぬ群生である。人とてもこの群生を超えてあるものではない。ただ人のみは、それを浅間しき罪業と感じ、苦悩もそのむくいと知らしめらるる。
> この業苦の感知なきかぎり、人はこの世に光を見出そうとする。されどこの業苦の感知あるものには、ひとすじにこの世を照らす光が仰がるるのである
> （『金子大栄選集』第十二巻「師訓領解」一）

と、情感を込めて領解を記す。人もまた、互いに害しあわなければ生きていけない群生（衆生）である。しかし、ただ、人のみは、そのことを浅ましい罪業と感じ、その罪業こそが苦悩の原因であると知らされる（自らを省みる所にこそ、人の人たる所以があるとの考えである）。この「業苦の感知」において人は、この世を照らす光を仰ぐ。その光こそ、「摂取不捨」（衆生を摂め取って捨てない）大悲の光であるとするのだ。これは、相対有限の人と物とに救いをもとめず、ただ絶対無限に依るという、清沢満之の精神主義を継承するものである。

そのような、罪業の身の感知と如来の大悲の対応を、金子は、

> 本願を信ずるものは、煩悩具足の身と知るものでなくてはならない。善悪ともに宿業と思い知ることにおいてのみ、本願における平等の大悲が信ぜらるる　（岩波文庫『歎異抄』第十三条の解説）

と述べる。弥陀の本願を信ずるものは、自らを煩悩具足の身であると知るものでなくてはならない。善も悪もともに宿業であると思い知ることにおいてのみ、如来の本願大悲が信じられる、と。これは、罪業の身の自覚（機の深信）と大悲の本願への信（法の深信）という「二種深信」の描写である。

●宿業の感知

親鸞の言葉を伝える聖教の中で、『歎異抄』にだけ見出されるのが「宿業」という語だ。

宿業の感知は、生活の浅間しさに悩む心に伴うものである。それ故に生活の浅間しさに悩まないものには宿業の感知はない（『金子大栄選集』第十二巻「歎異抄に聞く」）

と金子は言う。宿業とは、理知の問題ではない。情である。日々の生業の浅間しさに悩むものにおいてこそ、宿業は感知される。しかも、

宿業の痛感に於て罪悪の深重を知るということ、それは決して共同的に行わるることではない。唯だ我が身一人の身に沁みて感知することである。却ってまた十方衆生を救おうとの本願も、罪悪深重の我が身の救わるることに於て現実に信証せらる。されば我が身一人の救わるることこそ、十方衆生を救おうとの法の真実を証明するものである（『金子大栄選集』第十二巻「歎異抄に聞く」）

とする。これは『歎異抄』「後序」の「親鸞一人がためなりけり」という述懐を受け止めた金子の、情緒に湛えられた領解である。

信仰は、一人一人のいわゆる実存的な事であって、その一人こそ十方衆生に及ぶ本願を証明するという。戦後流行した実存主義的な思想傾向と、一脈通じるものが窺われるのである。

●曽我量深の生涯

次に、曽我量深の『歎異抄』観をたずねてみよう。曽我量深は、明治半ばから昭和にかけて活躍した真宗大谷派の学僧・仏教思想家である。彼は、一八七五（明治八）年、新潟県西蒲原郡味方村（現・新潟市南区味方）の真宗大谷派円徳寺住職、富岡量導の三男として生まれ、二二歳で見附市浄恩寺に入寺した（曽我ケイと結婚し、曽我姓となる）。京都の真宗大学卒業後、同研究院に進み、一九〇一（明治三四）年、真宗大学の東京移転開学に伴って移住し、初代学監・清沢満之が提唱した精神主義に触れた。当初はそれに疑問を懐き、批判したが、転換・帰依する。一九〇三（明治三六）年、清沢の帰郷後の浩々洞に入った。真宗大学研究院修了後は、同大学教授（唯識学）となったが、一九一一（明治四四）年、真宗大学京都移転に抗議して退職・帰郷。

一九一六（大正五）年、再び東京へ移り、金子を継いで『精神界』編集に当たり、東洋大学教授を務めた。一九二四年、病妻ケイと帰郷し、その最期を看取る。翌年、大谷大学教授となるも、一九三

○（昭和五）年、著書『如来表現の範疇としての三心観』が異安心に問われて辞職。同年、金子大栄らとともに興法学園を開設した。昭和一六年、真宗大谷派講師となり、大谷大学教授に復帰。一九四二（昭和一七）年、東本願寺安居本講に『歎異抄』を講じた。戦後、GHQ指令により大谷大学教授を辞職。一九五一（昭和二六）年、大谷大学名誉教授。一九六一（昭和三六）年から六年間、大谷大学学長を務めた。

江戸時代以来の伝統的な解釈に支配されてきた仏教・真宗の教学・信仰を、深い思索と直観によって捉え直して公開し、仏教思想界に大きな足跡を残し、戦後大谷派の因襲を問う改革運動の源泉となった。昭和四六年六月二〇日、逝去。行年九七歳。著書には、『救済と自証』・『地上の救主』等の論集四巻、『親鸞の仏教史観』、『歎異抄聴記』、『法蔵菩薩』、『我如来を信ずるが故に如来在ます也』、『曽我量深選集』（全一二巻）等多数ある。

●真宗再興の精神と『歎異抄』

曽我量深は、一〇年余の擯出状態を経て、一九四二（昭和一七）年の夏一ヶ月間、東本願寺安居本講に『歎異抄』を講じた。その記録が不朽の名著『歎異抄聴記』である（一九四七年出版）。今これによって、彼の『歎異抄』観を瞥見したい。

まず、第一の特徴は、教団論的視点があるということである。彼は、蓮如の真宗再興の精神が『歎異抄』にあるとする。私見であるが、そもそも真宗とは、真の宗（要・道理）であるから教団規模の話とは違って興廃があるべきではない。真宗再興とは、真実信心が再び明らかにされ、信心の和合衆が成立することだ。曽我は、その和合衆的教団成立の根拠が、『歎異抄』を貫く「異なることを歎く」精神でなければならないとするのである。講義のはじめに、曽我は、

> **異なるは自分である。『歎異抄』を一寸みると異なっているのは他人のようにみえるが、それだけではないと私は思う。その異は自分である…（中略）…この異ることを歎く深い歎異感情を突き抜けて如来回向の一味の安心が自証され得る。そこに初めて真宗再興が成就すると私は深く感じている**
>
> （『歎異抄聴記』第一講「二、歎異精神を基調として」）

と言われるのである。歎異の精神こそが、信心を明らかにし、和合衆を生み、真宗を再興する根拠であると。信心は、決して個人的な問題ではなく、「真宗再興」の原理である。

●「機の深信」と宿業の自覚

その信心の要は、特に機の深信である。曽我は、独特の了解を披瀝する。

> **機の深信というと何か真暗なような世界、何かこう非常に陰鬱な世界がそれに依て現れて来ると、一般の人は大概こう考えているようである**（『歎異抄聴記』第十一講「一、宿業の自覚と機の深信」）

自分が機の深信をしなければならないということであれば、暗く陰鬱にもなろう。しかし、そうではない。

「わが身は現に是れ罪悪生死の凡夫、曠劫よりこのかた、常に没し、常に流転して出離の縁あることなし」は宿業の自覚である。その自覚に就いての深信である。…（中略）…（その）自覚に随順する、深信する。…（中略）…機の深信というのは法蔵菩薩のつまり一つの自覚である

（『歎異抄聴記』第十一講「一、宿業の自覚と機の深信」）

と言われる。自分で宿業を自覚せねばならぬのではない。宿業の自覚の主体者は、阿弥陀仏の因位・法蔵菩薩である。

それを、

「自身は現に是れ罪悪生死の凡夫、曠劫よりこのかた、常に没し、常に流転して出離の縁あることなし」と深き自覚をもっている主体が法蔵菩薩であり、それが阿弥陀如来となった

（『歎異抄聴記』第十一講「二、法蔵菩薩と法蔵魂」）

と言われ、

宿業を知る方は仏様のみである。我々は宿業を知らぬが仏の知られた宿業を深信する

（『歎異抄聴記』第十一講「三、深信の意義」）

と言う。それは「親鸞一人」の自覚への感動であって、自分の浅間しさを自分で反省しなければならないというのではない。

●宿業共感

さらに、宿業は個人にとどまらず、感応道交（かんのうどうこう）すると言う。曽我は、

宿業は感応道交の世界。宿業というと真暗のように思っているが、そうでなく、宿業に眼を開けば十方世界は互いに胸を開き、山河大地もみな胸を開いて同じ仲間である

（『歎異抄聴記』第十一講「一、宿業の自覚と機の深信」）

と言われた。十方世界・山河大地との感応道交が「宿業共感」であり、それは決して単なる私的・個人的なことではない。

二種深信は個人の罪悪感ではなく大きな本願念仏の歴史観である。我々はそう考えねばならぬ。そう考えざるを得ない。どうもこれは私事のように長らく考えていたがそうではなくこれは公のこと、本願の歴史観、大きな仏教の世界観

（『歎異抄聴記』第二十六講「V、二種深信」）

である。さらに、

弥陀の本願は、全衆生界の宿業共感の大地に建立された

（福岡県八女郡黒木・光善寺塔廟（こうぜんじとうびょう）の碑文、雑誌『親鸞』巻頭言「宿業の共感」、曽我量深講義集・第二巻『本願の国土』二一二頁、大法輪閣）

として、弥陀の本願の基盤を「宿業共感」であると示している。

このような曽我量深の宿業観は、それに感動する多くの教え子を生み出し、教学刷新・教団改革を生んだ。その中に、偏依（へんね）量深一師とも言うべき人が生まれた。終生仕えたのは藤代聰麿（ふじしろとしまろ）師であり、晩年、最も強く深く帰した人は、雑誌『中道』の津曲淳三（つまがりじゅんぞう）氏と長谷川耕作氏であった。

最終講

現代人と『歎異抄』

これまで、十八講にわたって、出遇いの書『歎異抄』の基本的な内容と、その受け止めの歴史をたずねてきた。『歎異抄』は、鎌倉時代に成立した古典ではあるが、明治時代後半から読まれるようになったという点では、新しい本である。大正時代にも、太平洋戦争の時代にも、また戦後も読み継がれ、幾度かベストセラーの呼び声を高くした。

だがしかし、現代人は、『歎異抄』に出遇ったと言えるだろうか。師と出遇うこと、自己と出遇うこと、自他共同の願いに出遇うことという「出遇い」の意義においては、現代人は、いまだ『歎異抄』に出遇ったとはいえないのではないか。

前回は、曽我量深師の言葉によって、『歎異抄』「後序」に表明された「親鸞一人」の自覚が、宿業の自覚を内容とする「機の深信」であり、その自覚の主体は阿弥陀仏因位・法蔵菩薩であるがゆえに、「ひとり」（単独）に止まらず、共感（感応道交）するということに触れることができた。

今回はさらに、そのことの意義を本願の意趣にたずね、現代のわれわれの課題をたずねてみよう。

●「親鸞一人」と宿業の自覚

「宿業」とは、『歎異抄』第十三条にある言葉である。唯円は、「善い心が起こるのも宿善がもよおす故である。ふと悪い事を思って、（それを）してしまうのも、悪業がはからう故である」と述べ、続いて「故聖人のおおせには」と言って次の言葉を挙げている。それが、

卯毛羊毛のさきにいるちりばかりもつくるつみの、宿業にあらずということなしとしるべし
（第十三条）

である。

〈（われわれが作る）うさぎの毛、ひつじの毛の先に止まっている塵ほど小さな罪も、宿業のもよおしではないということがないと知るべきである〉

と親鸞が言われたというのである（これが親鸞の言葉かどうか疑う人もいるが、師訓篇を親鸞の言葉とし、「後序」の「おおせ」も親鸞の言葉とするならば、また、親鸞の思想文脈全体に照らしても、親鸞その人の言葉と見るべきであると思う）。

その業の受け止めが、「親鸞一人」において、本願の受け止めと同時なのである。

弥陀の五劫思惟の願をよくよく案ずれば、ひとえに親鸞一人がためなりけり。されば、それほどの業をもちける身にてありけるを、たすけんとおぼしめしたちける本願のかたじけなさよ

（後序）

「それほどの業」は、西本願寺蔵・蓮如本による。これは、「阿弥陀仏が親鸞の為に誓願を建てられなければならなかったほどの業」ということだ。いっぽう、大谷大学蔵・永正本では、「そくばくの」となっている。その場合は、「数知れないほど多くの」という意味になる。一般にはこちらの方が広く流布している。

これは、

〈阿弥陀仏が五劫のあいだ思惟されて建てられた願（念仏往生の願）を、よくよく考えてみると、（それは）ひとえに親鸞一人のためだったのだなあ。そうであるから、それほどの業をもった身であったのを、たすけようと思い立たれた本願がなんと忝ないことか〉

という親鸞の「つねのおおせ」であるが、しかし、『大無量寿経』の第十八願・念仏往生の誓願（本願）には、

たとい我、仏を得んに、十方衆生、至心に信楽して我が国に生まれんと欲うて、乃至十念せん。もし生まれずは、正覚を取らじ。唯、五逆と正法を誹謗せんをば除く

《設我得仏、十方衆生、至心信楽欲生我国乃至十念、若不生者不取正覚。唯除五逆誹謗正法》

とあり、

〈もし私がさとりを得たときに、十方衆生が、心から信じねがい、浄土に生まれたいと欲して念仏を申すとしよう。それでもし、十方衆生が浄土に生まれないならば、私は正覚をとるまい。ただ、五逆と正法を誹謗するものを除く〉

というのであって、どこにも親鸞の名はない。「十方衆生」とは、あらゆる方角の衆生、すべての衆生ということであって、その中に含まれるとしても、親鸞だけを指すわけではない。

親鸞の師・法然は、この願の意趣を、

弥陀如来、法蔵比丘の昔、平等の慈悲に催されて、普く一切を摂せんがために、造像起塔等の諸行をもって往生の本願となしたまわず。ただ称名念仏一行をもってその本願となしたまえり

（『選択本願念仏集』「本願章」）

と示して、

ただ念仏して、弥陀にたすけられまいらすべし（第二条）

と教えられた。「普く一切を摂せんがために」とは、普遍的に一切衆生を摂めとるために、ということである。

「唯除（ただ除く）」の心

だが、本願の文の末尾に「唯除五逆誹謗正法」とある（さらには、本願成就文末尾にも同じく「唯除……」の文がある）。「五逆」とは、父を殺す・母を殺す・阿羅漢を殺す・破和合僧（仏法のもとに集う和合衆・教団を破壊する）・仏身より血を出だす（仏の身体を傷つける）という五つの逆罪。「誹謗正法」とは、正しい法（真の道理）を誹謗することである。十方一切衆生を摂めるということと、「唯除（ただ除く）」とは相互に矛盾するように見える。それ故、「五逆」と「誹謗正法」以外の、すべての衆生が念仏して往生することを誓う願であるという理解もある。

しかし、親鸞はそうではない。「五逆」と「誹謗正法」をこそ救おうというのが弥陀の本願であるとする。

なぜかと言えば、『歎異抄』の劈頭からして、

罪悪深重煩悩熾盛の衆生をたすけんがための願にまします　（第一条）

とあるからだ。「五逆」と「誹謗正法」が、「罪悪深重・煩悩熾盛の衆生」に含まれないわけがない。

また、『教行信証』「総序」には、

世雄の悲、正しく逆・謗・闡提を恵まんと欲す　（『教行信証』「総序」）

〈釈尊の大悲は正しく、五逆と誹謗正法と一闡提をこそ救おうと欲せられた〉

と示された。五逆・誹謗正法ばかりでなく、さらに「一闡提（無信・断善根・焦種の如く、仏になる芽が生えないもの）」をこそ恵もう（救おう）とされる大悲が、親鸞の出遇った仏教の本質である（「唯除」以下の文については、罪悪を犯させないように釈尊が抑え止めるもので、「抑止は釈迦の方便」であるという覚如『口伝鈔』の領解も伝えられてきたが、筆者は右の「総序」の文によって、上述の如く理解したい）。

『歎異抄』の「罪悪深重・煩悩熾盛の衆生」、「いずれの行もおよびがたき身」、「煩悩具足のわれ

ら」、「煩悩具足の凡夫」、「それほどの業をもちける身」（「そくばくの業をもちける身」）という言葉から、最極悪のもの（「逆・謗・闡提」）の自覚が、親鸞にあったと窺われるのである。

親鸞は、本願における「唯除」について、

唯除というは、ただのぞくということばなり。五逆のつみびとをきらい、誹謗のおもきとがをしらせんとなり。このふたつのつみのおもきことをしめして、十方一切の衆生みなもれず往生すべし、としらせんとなり

（『尊号真像銘文』）

といわれる。二つの罪（五逆・謗法）が重いことを示して、十方一切の衆生が皆ことごとく往生しなければならないと、十方一切衆生に知らせようという強い救済意志の表明である。「除く」とは、除外するということではなく、「転じさせよう」ということである。逆謗を、逆謗のままに放置しない。かならず、「大悲の弘誓を憑み」（『教行信証』「信巻」）、「利他の信海に帰する」（同上）存在に転換する。それが弥陀の本願の力である。

●われらの目覚め

一人の自覚は、一切につながる。弥陀の本願について言われる「親鸞一人がためなりけり」は、「われらがためなりけり」に展開する。

他力の悲願はかくのごとし。われらがためなりとしられて、いよいよたのもしくおぼゆるなり

（第九条）

と言われる（一般に、「永正本」の「他力の悲願はかくのごときわれらがためなりとしられて、いよいよたのもしくおぼゆるなり」の方がよく知られているが、いまは「蓮如本」の表記を用いた。断定形によって領きの表現と捉えたいのである）。

唯円は、右の親鸞の述懐を、

いままた案ずるに、善導の、「自身はこれ現に罪悪生死の凡夫、曠劫よりこのかた、つねにしずみ、つねに流転して、出離の縁あることなき身としれ」（「散善義」）という金言に、すこしもたがわせおわしまさず。されば、かたじけなく、わが御身にひきかけて、われらが、身の罪悪のふかきほどをもしらず、如来の御恩のたかきことをもしらずしてまよえるを、おもいしらせんがためにてそうらいけり

（後序）

と受け止めている。「これ現に」は、善導『観経疏』「散善義」深信釈では「現是」であるから、「現にこれ」と書くべきだが、唯円は原文を見ないで記憶によって記したため、このようになったのだろう。

「いままた案ずるに」とは、古くならない、今の出遇いの言葉だ。「いままた案ずるに」といって「われらが」と、他人事でなく自分自身のこととして受け止めた唯円は、親鸞の真実の教え子である。唯円は言う。親鸞の「つねのおおせ」は、善導の「機の深信」の教えと、まったく同一である。「機の深信」の教えこそは金言である。「深信」はあくまで「自身」の信である。それ故にこそ、感応道交する。一人の自覚は、他に伝わる。それ故に、「親鸞御自身にひきかけて、われらが、身の罪悪がどれくらい深いか、如来の御恩がどれほど高いかを知らずに迷っていることを、思い知らせるための御言葉だったのです」と受け止められるのである。

●業を正受する

「御恩」とは恩（めぐみ）のことである。「機の深信」の根源主体は法蔵菩薩であり、恩を与える主体も、法蔵菩薩である。それは、『教行信証』「信巻」三心釈の仏意釈・至心釈に、

> 一切の群生海、無始よりこのかた乃至今日今時に至るまで、穢悪汚染にして、清浄の心なし。虚仮諂偽にして真実の心なし。ここをもって如来、一切苦悩の衆生海を悲憫して、不可思議兆載永劫において、菩薩の行を行じたまいし時、三業の所修、一念・一刹那も清浄ならざることなし、真心ならざることなし。如来、清浄の真心をもって、円融無碍・不可思議・不可称・不可説の至徳を成就したまえり。如来の至心をもって、諸有の一切煩悩・悪業・邪智の群生海に回施した

まえり（『教行信証』「信巻」仏意釈・至心釈）

と述べられる「菩薩」としての存在である。

業とは、もともと「おこない」のことであり、善業・悪業・無記（どちらでもない）の業の三種が言われてきた。しかし、業という言葉が暗い印象を持たれるのはなぜか。それは、特に業が省(かえり)みられ、痛感されるのは、自分にとって回避したり逃げたりすることができない問題、どうにもならない辛い問題にぶち当たった時だからではないか。

業を感ずるのは、戦争や災害や収容所という問題のある環境に置かれた時のこともあろう。しかし、決して遠くにある問題だけではない。家族の問題、子供の問題、親の問題、配偶者の問題などの恩愛執着。そして、気質や体質の問題、老いの問題、病いの問題、そして死の問題など、身近にあって対応し難い問題がある。人間の能力で対処できることもあるが、自分ではとても担いきれない問題がある。無智・無能を痛感させられる業の問題、それを見つめ、わがこととして受け止めることを、親鸞は身をもって教えられた。「宿業とは、この身ここにありということだ」（長谷川耕作師、談）とは、その親鸞に学んだ人の受け止めである。

さらに言えば、業は、個別の不共業(ふぐうごう)ばかりでない。共業(ぐうごう)（共同的な業）に意をそそがなければならない。業の正受（自覚）は、主体的であるからこそ、全衆生と歴史・世界を共にする。これが、『歎異抄』に親鸞が、

一切の有情は、みなもって世々生々の父母兄弟なり（第五条）

「うみかわに、あみをひき、つりをして、世をわたるものも、野やまに、ししをかり、とりをとりて、いのちをつぐともがらも、あきないをし、田畠をつくりてすぐるひとも、ただおなじことなり」と。さるべき業縁のもよおさば、いかなるふるまいもすべし（第十三条）

と言われていることだ。

これに反して、現代社会はこのまま進めば、優勝劣敗、弱肉強食、力の強いものが頂点に立ち、弱いものを支配するピラミッド型の階層社会・いじめ社会になって行くのではないか。

それを防ぐには、現代人が、各人各人の業を引き受けるとともに、この業を共感する「共同性」の感覚に学ばなければならない。

あとがき

これまで、まことに稀な御縁をいただいて、『歎異抄』の一端をたずねてきた。

『歎異抄』「後序」に、唯円は、

まことに、如来の御恩ということをば沙汰なくして、われもひとも善し悪しということをのみ申しあえり

（仮名書きを一部分漢字に直した）

と述べ、それに対して、次に親鸞の言葉を挙げている。

聖人のおおせには、「善悪のふたつ総じてもって存知せざるなり。そのゆえは、如来の御こころによしとおぼしめすほどにしりとおしたらばこそ、よきをしりたるにてもあらめ。如来のあしとおぼしめすほどにしりとおしたらばこそ、あしさをしりたるにてもあらめど、煩悩具足の凡夫、火宅無常の世界は、よろずのこと、みなもって、そらごとたわごと、まことあることなきに、ただ念仏のみぞまことにておわします」とこそ、おおせはそうらいしか

（後序）

と。親鸞・唯円の時代だけではない。業を正受せず、如来の「恩」（めぐみ）ということに思いをいたさないで、我も他人も共に「善し悪し」ばかりを言い合っている。現代こそ正しくそのような状況である。しかし、誰も本当には、「何が善だやら何が悪だやら。何が真理だやら何が非真理だやら」（清沢満之「我は此の如く如来を信ず」〈我が信念〉）何もわからない。

「煩悩具足の凡夫の生み出す火宅無常の世界は、万事が万事、みんながみんな虚言・戯言であって、真があることがない。その中に、ただ念仏だけが真でおありです」という親鸞の言葉の前に、襟を正される思いがする。これは、「世間虚仮、唯仏是真」という聖徳太子の言葉を受けたものであろう。念ずるところに仏まします。その念仏による精神生活が開かれていかなければならないのである。

＊　＊　＊

本書は、雑誌『大法輪』（二〇一九年二月号～二〇二〇年七月号）に、大法輪カルチャー講座「現代人のための『歎異抄』入門」と題して、計一八回にわたって連載された原稿を元にして、それに加筆修正し、最終講を加え、さらに、巻頭に『歎異抄』本文と口語訳を置いて、一冊の本の形に整えたものである。

『大法輪』は、みちのく弘前の地に育った私にとって、父の思い出と共に忘れられない雑誌である。当時『大法輪』は、弘前市本町にあった中畑書店から、毎月配達された。まず父がひととおり読み終わるのを待って、子供の私たちも見せてもらったものである。表紙の絵、グラビア、挿絵を眺めては、あれこれと思いをめぐらしたことを懐かしく思い出す。

だから、第一講が掲載されたとき、「お父さんがよく読んでいたあの『大法輪』に、弟が執筆するようになった」と、真っ先に喜んでくれたのは、私の長姉だった。一九三四（昭和九）年以来、八七年の長きにわたって世に仏教を伝えてこられた『大法輪』が、にわかに休刊になったことは、残念でならないが、今後も継続される仏教書の刊行事業に期待している。

昨年は父の十七回忌。今年は、曽我量深先生五十回忌、仁戸田六三郎（にえだろくさぶろう）先生四十回忌、長谷川耕作先生二十五回忌、廣瀬杲先生十回忌、そして母の三回忌であった。私が『歎異抄』に触れ、学ぶ御縁となり、長年お導きをいただいたことに御礼申し上げたい。

本書の成るについては、大法輪閣・社長、石原大道氏のお勧めに感謝したい。また、同編集部の野村勇貴氏には、一方ならぬお世話になった。また、家族には、下書きを読んでもらい、校正作業をしてもらった。ここに記して感謝の意を表したい。

混迷の現代、多くの方々に、『歎異抄』に触れていただくよう願ってやまない。

二〇二〇年一一月九日　　明達・長谷川耕作先生二十五回の祥月命日の日

九州大谷短期大学　学長室にて

量深学場主宰　三明　智彰

三明 智彰（みはる としあき）
1954年、弘前市に生まれる。早稲田大学教育学部・国語国文学科卒、東京大谷専修学院卒、大谷大学大学院文学研究科・真宗学専攻博士後期課程単位取得満期退学。大谷大学助教授、愛知新城大谷大学教授・社会福祉学部長、九州大谷短期大学副学長を経て、現在、九州大谷短期大学学長。九州大谷真宗研究所所長。明教寺前住職。量深学場主宰。

〈著書〉
『親鸞の阿闍世観―苦悩と救い―』『阿弥陀経講話』『願心の目覚め』『歎異抄講義』上下『生死と向き合う心がまえ』（法蔵館）、『団塊世代の仏教入門 こころを満たす智慧「歎異抄」を読む』（産経新聞出版）、『団塊世代の仏教入門「歎異抄」に学ぶ―歎異の精神・弥陀の誓願・念仏往生の信―』（仏教人生大学）、『浄土三部経講座』1～15（廣徳寺）、『生まれた意義と喜び―出世本懐―』『五濁悪時群生海』（量深学場叢書1・2）

自己をみつめ、弥陀の本願に出遇う
信心の書『歎異抄』講座

2020年 12月15日 初版第1刷発行

著　者　三明智彰
発行人　石原大道
印　刷　亜細亜印刷株式会社
製　本　東京美術紙工
発行所　有限会社 大法輪閣
〒150-0022 東京都渋谷区恵比寿南
2-16-6 サンレミナス202
TEL 03-5724-3375（代表）
振替 00160-9-487196番
http://www.daihorin-kaku.com

ISBN978-4-8046-1431-1 C0015